# ヌシ

［*nu-shi*］

## 神か妖怪か

伊藤龍平
Ryohei Ito

笠間書院

# 目次

資料の引用に際しては、仮名遣いは原文のままとし、漢字・仮名表記は現行の字体に改めた。

資料の紹介に際しては、内容の要約を掲載し、適宜、言葉を補った。

# 序

## ―ヌシと日本人―

いったい、この国の河川沼沢《かせんしょうたく》に、どれほどの数のヌシ（主）たちが身を潜めているのだろうかと考えると、気が遠くなる思いがする。国土交通省の調査によると、日本の河川の数は三五四八五（一級河川、二級河川、準用河川の総数、二〇一九年）。湖沼は数え方が難しいが、人工のものもふくめると一一七二五に上るそうだ（「日本の湖の数（修正版）」fyamap.jizoh.jp 二〇二一年三月閲覧）。このなかに、ヌシが棲む川や湖、池、沼はどれぐらいあるのだろう。ヌシは水棲のものだけではない。深山幽谷や古城廃屋に棲むヌシもいる。いまだ日本のヌシの正確な数は不明である。

　ヌシとは、長いあいだ同じ所に棲み続けて、巨体になった生物のことである。例外はあるものの、ヌシ化の過程で死というプロセスを経ていない点に留意すべきだ。生物は死後、ヌシになるのではない。長い年月を生きつづけることによって、少しずつ少しずつ、ヌシ化していくのである。生物は、生きつづけることによって、べつの何かになる――われわれの先祖はそう考えていた。

しかし、ただ同じ場所にいて体が大きいだけではヌシとはいえない。『日本国語大辞典』には「山、川、池、家屋などにすみつき、劫（こう）を経た、なみはずれて大きい動物。その動物が霊力をもち、その場所を支配していると考えられる」とある。霊力を持っていること、特定の場所を支配していることも、ヌシの条件だ。

もっとも、この辞典の記述にも少々訂正が必要だ。たしかに年を経た蛇や魚、亀などがヌシ化した例は多い（水棲生物が多い）。しかし、龍や河童、狒々《ひひ》など、現在は伝承上の存在とされている動物のヌシもいるし、人の姿のヌシもいる（もともと人の姿をして現れる場合、動物のヌシが人に化けた場合、人が死んだのちヌシになった場合など、ケースはさまざま）。器物（鐘など）に由来するヌシもいるし、正体不明のヌシもいる。ヌシの伝承はなかなか捉えがたい。

これらのヌシたちは、いずれも人知では測れない強大な霊力を持ち、その場所に君臨している。ヌシが自分のテリトリーを離れることはめったにないので、その場所に近づかなければ危害を加えられることはない。しかしながら、ヌシの棲む場所が人の生活圏と重なる場合は緊張関係が生まれる。人が生きるのに水が必要不可欠である以上、ヌシの棲む水域と無縁でいるのは難しい。われわれの先祖はヌシとつかず離れずの関係を保ちながら、日々を過ごしてきた。ヌシとともに歴史を紡いできたのだ。

本書は、ありそうでなかったヌシについての本である。こんにち、民俗学関連の事典類で「ヌシ」が立項されているものは皆無に近い。龍や蛇、河童を論じた本や、水の神や山の神を論じた本は多く、それらのなかでヌシについてふれられることはある。また、特定の地域のヌシ伝承を対象とした論文もある。しかし、どういうわけか、日本のヌシ伝承を総括的に取り上げた本はないようだ。

　重要な研究テーマだと思うのだが、長らく学界においてヌシ論はエアポケットのような領域になっていた。いずれ、誰かがヌシについてまとめてくれないものかと思っていたのだが、誰も書く様子がないので、自分で書くことにした。そうはいっても、ヌシ論序説、もしくは、ヌシ論覚書ぐらいで終わることになるのは承知している。今後、どんどん進展していってほしい分野であり、本書がそのたたき台になればいいと思う。

　わたしが、ヌシを重要なテーマだと思う理由の第一は、そこに自然と人の共生のヒントが隠されていると思われるからである。これは毎年のように自然災害が起こるこの国にあって、切実な問題である。過去をふり返り、現在を見つめ、未来を見据えるうえで、われわれの祖先がどのようにヌシと付き合ってきたのかを学ぶことは有効であろう。ヌシとの付き合い方を学ぶこと、それは自然との付き合い方を学ぶことである。

「自然との共生」というと平和な感じがするが、本書を読めばおわかりいただけるように、ヌシと人との関係はそんな生易しいものではない。ヌシの伝承をひも解くと、自然と人の闘いの歴史が浮かび上がってくる。ヌシと人が牧歌的な関係を結んでハッピーエンドに終わる話もあるにはあるが、少ない。多いのは、ヌシか人のいずれかが一方的な勝利を収める話である。敗れた側は傷つき、命を落とすか、それに近いダメージを受けて、場合によってはその地を去る。

だから、人はヌシとの対立をなるべく避けようとしてきた。そして対立せざるを得なくなった場合には、追放したり、封じ込めたり、退治したりしようとする。時には奸計を用いることもあるし、なだめすかして懐柔することもある。また、うまく利用することもある。神として祀り上げて味方につけることもある。契約を結んで互いの利益を守ろうとすることもある。ヌシと人は、常に緊迫感をもって対峙してきた。

わたしがヌシを重要なテーマだと思う理由の第二は、これが日本特有の思想ではないかと思われるからである。というのも、「ヌシ」という語は、翻訳困難である場合が多いのだ。たしかに、一つ所に棲み続ける巨大生物に関する伝承は世界各地にある。水の神、山の神については、地理的な条件はあるにしても、人類が普遍的に有している伝承であろう。両者が結びついて、巨大生物をその場所の神として崇める信仰も世界の諸民族に見られる。けれども、それらを「ヌシ」に相当する語で総称するのは、じつはかなり珍しいようだ。

台湾の大学に勤めていたとき、同僚や学生から、日本語の「ヌシ（主）」に相当する中国語がないことを聞かされて、軽く驚いた経験がある。中国語の場合、そうした存在は「蛇精」「魚妖」「亀怪」などのように、生物名の下に「精」「妖」「怪」などの語を付けて表す（「神」「霊」「王」などの語を付けることもある）。ある日本のゲームが台湾で発売されたときは、「川の主」を「川大王魚」と訳していた。しかし、単体で「精」「妖」「怪」と記した場合には、日本語の「ヌシ」よりももっと広い意味になってしまう。辞書のなかには、日本語と同じ「主」という字で訳しているものもあるが、実生活ではあまり使われないようだ。桃園市（台湾北部）の龍潭という土地には、その名の通り、龍が棲むとされる池があると、同地出身の学生から聞いた。日本のヌシ伝説とそっくりの内容で、かかる発想が台湾にもあるのは間違いない。しかし、それでも「ヌシ」に相当する中国語はないのだ。

英語にも日本語の「ヌシ」に対応する語はないようだ。手元の辞書には「guardian spirit」（直訳すると、「守護霊」）とあるが、これも単体で「spirit」のみにすると、意味が広くなりすぎる。他の言語ではどうだろう。本書でヌシをカタカナ表記しているのは、そういう理由からである。それをふまえたうえで、ヌシ（に類した存在）の国際比較をしてみると面白いと思う。自然との向き合い方は、国や地域によって違うはずだ。

また、ヌシの問題を究明するには、信仰面のみならず、土木技術や治水政策の歴史とも絡める必要がある。古墳時代の遺跡を鳥瞰すると、河川流域を中心に耕地開発がされていったことがわかる。耕地開発は、河川伝いに山の奥地へと進められていった。開発されたのは、谷地《やち》と呼ばれる湿地帯で、言うまでもなく、ヌシの棲みかである。『常陸国風土記』に載るヤツノカミ（夜刀神＝谷地の神）の神話はヌシと人との抜き差しならない関係をよく物語っている。ヌシと人は宿命的に向き合わざるを得ない関係にあるのだ。それは、どの民族においても、多かれ少なかれ見られる問題であろう。

少し風呂敷を広げすぎた。いくらでも深く広く掘り下げられるテーマであるが、本書では日本のヌシのみを考察対象としている。資料には、地域名の明記された民俗報告書類を優先して用いた。生きたヌシ伝承を知りたいからだ。事例が全国津々浦々に及んでいるのは、意図的にそうしたのではなく、結果的にそうなった。ヌシの伝承が、日本においては普遍的なものであるのを示している（アイヌと沖縄の事例は、論ずる際の手続きが煩瑣になるので、外した）。事例のなかには、みなさんの故郷やお住まいの土地のヌシの話もあるかもしれない。本書を読みながら、身近なヌシ伝承について考えてみるのも一興だろう。

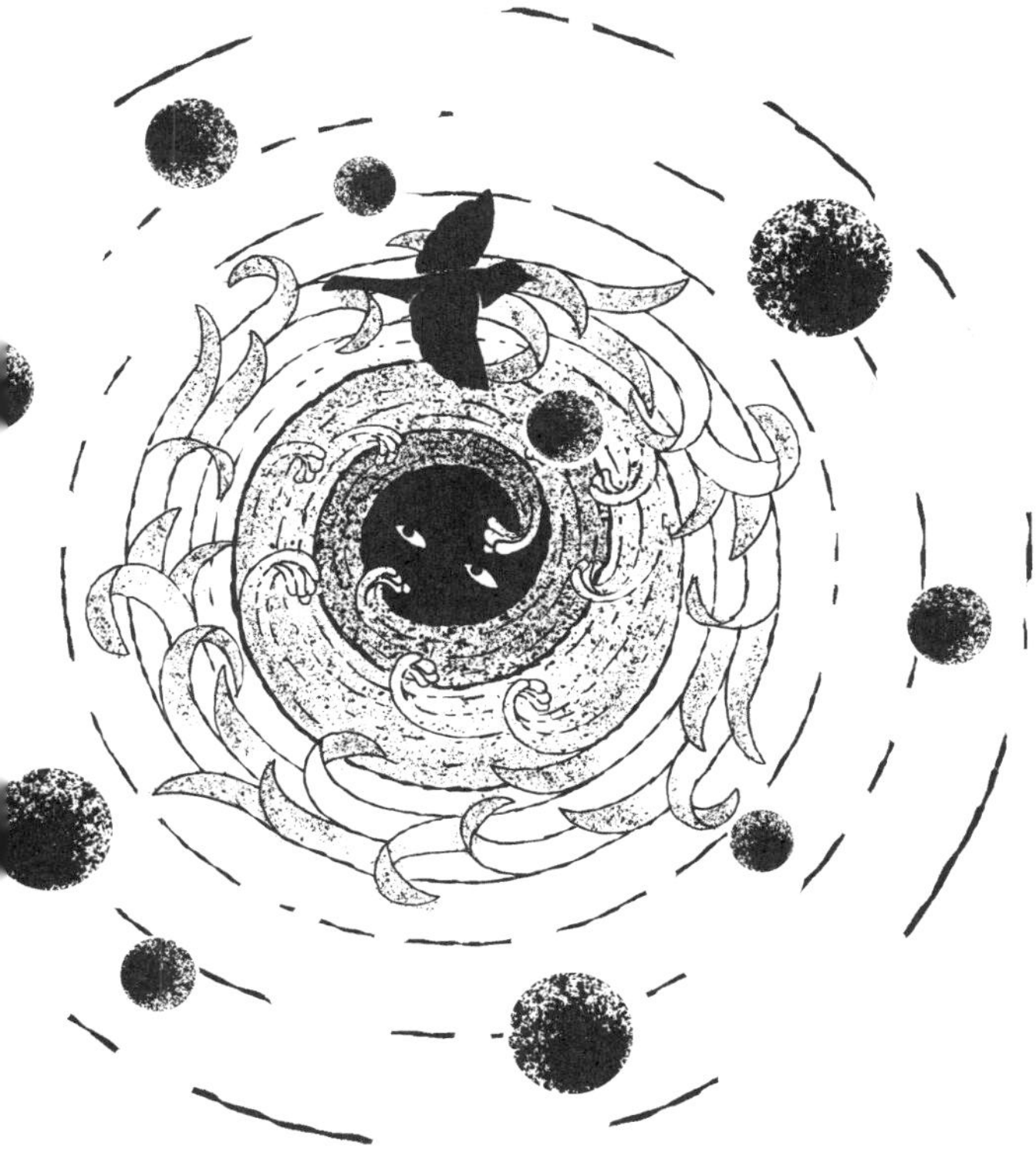

# 第一章

# 英雄とヌシ

# 英雄たちの怪物退治

水中から巨体を現して猛り狂う怪物と、甲冑を身にまとい、敢然とそれに立ち向かう若き勇者。手には魔法の剣や弓が握られている。かたわらには、いけにえにされようとしている美しい姫君の姿も。とどろきわたる雷鳴に、逆立つ波。勇者が天馬にまたがっていることもある。だれもが、一度はこんな図を見たことがあるだろう。

世にいうヒロイックファンタジー（英雄物語）のクライマックスの場面。英雄の名はさまざまだが、古代メソポタミアならマルドゥク、ギリシアならペルセウス、古代ローマなら聖ゲオルギウス、ドイツならジークフリード、イギリスならベオウルフ、カタロニア（スペイン）ならサン・ジョルディといった具合だ。

怪物を退治する英雄のことを「ドラゴンスレイヤー」という。英雄に退治される怪物は、西洋ならばドラゴンだが、東洋ならば龍、もしくは大蛇となる。

日本では、スサノオノミコト（素戔嗚尊）が代表的なドラゴンスレイヤーで、ヤマタノオロチ（八岐大蛇）退治の話で知られている。要約すると、こんな話だ。

高天原《たかまがはら》（神々の国）を追放されたスサノオは、出雲の国（現在の島根県）に降り立つ。

川上から箸が流れてきたので、人家があると思って川伝いに上っていくと、夫婦と娘が泣いているのに行き会う。夫婦の名はアシナヅチ（足名椎）とテナヅチ（手名椎）、娘の名はクシナダヒメ（櫛名田比売）といった。話によると、夫婦には八人の娘がいたが、毎年、一人ずつヤマタノオロチという怪物に食べられてしまい、最後に残ったのが末娘のクシナダなのだという。そのクシナダも、遠からず、いけにえにされる運命にある。スサノオは、怪物退治を条件にクシナダを娶《めと》ることを約束させ、戦いに挑む。

伝承文学研究では「龍退治」と呼ばれるタ

『諸国周遊奇談』より石見国邑智郡岩屋村（現在の邑南町）の多頭大蛇（ヤマタノオロチではない）（国立国会図書館蔵）

イプの話である。(※1)ギリシア神話の例を典型として「アンドロメダ――ペルセウス型」の説話ともいう。こうした多頭龍／多頭大蛇の神話や伝説は世界各地に伝えられている。西洋ならばヒュドラやラドン、ペルシアならばアジ・ダハーカ、インドならばナーガなどがそうだ。わが国のヤマタノオロチも、これらの多頭龍／多頭大蛇たちの系譜に連なるもので、昔話学者・神話学者たちによる考察がある。(※2)

古来、霊威をもつ動物には、身体的な特徴がある。ヤマタノオロチのように、体が異様に大きいのもそうだし、頭の数が多いのもそうだ。牙や尻尾の数が多かったり、金色や白色など常とは異なる体色をしたりしている場合もある。逆に、極端に体が小さかったり、欠損があったりすることもある。映画『もののけ姫』でも、犬神・モロの君は白毛で二本の尾を持っているし、猪神・乙事主《おっことぬし》は四本の牙を持っている。そしていずれも巨体だ。『妖怪ウォッチ』のジバニャン（猫の地縛霊）も尾が二本だが、これはネコマタ（猫又）の伝承にもとづいている。

スサノオのヤマタノオロチ退治の話は、記紀神話（『古事記』、『日本書紀』に載る神話）にあるので、(※3)遅くとも、七世紀末には成立していたことになる。スサノオの姉は皇室の祖神であるアマテラスオオミカミ（天照大御神）。だから、戦前は教科書にもこの神話が載せられていた。スサノオとクシナダの子孫にオオクニヌシノミコト（大国主命）がいる。

たいそうな家系だが、全国にはもっと素朴で、無名の人物を主人公とした「龍退治」の伝説が伝わっている。ヌシ論のとっかかりとして、この点について考えてみたい。

たとえば、石川県加賀市に伝わる話(※4)――むかし、この土地では、雨乞いのために、娘をいけにえとして大蛇に差しだす習わしがあった。日照りが続いたときには、村ごとに順番をきめて娘を選び、献上する。長年、続いてきた習わしだったが、ついに堪忍袋の緒が切れた若者たちが立ち上がり、苦難のすえに、見事、大蛇を退治した。いまの菅生石部《すごういそべ》神社の神事は、そのときの大蛇退治にちなむという。

この伝説にもとづく年中行事は兵庫県丹波篠山市にもある。鱧《はも》切祭り（毎年十月）といって、大蛇に見立てたハモに酒を飲ませ、退治の場面を再現している。英雄役や人身御供役

鱧切祭り（丹波篠山市提供）

（子どもが演ずる）も登場する。伝説によると、棲みかの湖が次第に埋められていくことに腹を立てたヌシの大蛇が、怒って田畑を荒らした。住民たちは酒を飲ませて大蛇を酔わせ、退治したという。あとで述べる干拓事業とヌシの関係が見いだせて興味深い（※5）。

スサノオのヤマタノオロチ退治ほどの知名度はないが、先ほどの加賀の例のように、名もない勇者たちの大蛇退治の話は各地にある。

英雄たちに退治されるのは、大蛇や龍だけではない。日本では、英雄が百足《むかで》を退治する伝説も伝わっている。もちろん、ただの百足ではない。山に巻きつけば七回り半もするような、怪獣なみの大百足である。足のない蛇と、足の多い百足は、民間伝承のうえでは通ずるものがあるようで、ともに信仰の対象になっている。

大百足退治で有名なのは、俵藤太《たわらのとうだ》こと藤原秀郷。矢につばをつけて放ち、大百足を退治した（※6）。ここには広くアジア圏で見られる「つばの呪力」のモチーフがうかがえる。舞台は近江（現在の滋賀県）とも、下野（現在の群馬県）ともされる。なお、俵藤太の話には出てこないが、民間に伝承されている話では、村人がいけにえとして大百足に娘を献上しているエピソードがある。

沖縄県では大鰻が退治されているし（これは南洋の諸民族に見られる伝承でもある）（※7）、アイヌのユカラ（叙事詩）では巨大なアメマスが退治されている（※8）。英雄たちは全国各地にいた。

# 神話の英雄、伝説の英雄

では、ヌシを退治する英雄とはどのような人物だったのだろうか。手始めに、スサノオのパーソナリティーを見ていきたい。

一説によると、スサノオという名は「荒《すさ》ぶ」に由来するのだとか。その名のとおりの粗暴な性格で、感情のおもむくままに行動し、平気で物を破壊し、他者を傷つける。それゆえ、高天原を追放された。何しろ、姉であるアマテラスにすら恐れられているのだ（根《ね》の国に旅立とうとするスサノオがあいさつに訪れた際、アマテラスは、弟が自分を殺しに来たのではないかと疑うエピソードがある）。

ヤマタノオロチ退治の挿話だけを取り出してみると、正義の味方のように感じられるが、それは気まぐれなスサノオの行動が、たまたま、住民の役に立ったに過ぎない。そのときの気分次第で、善にもなれば悪にもなる、それがスサノオなのだ。

スサノオのヤマタノオロチ退治は神話時代の話だが、次に、もう少し新しい時代の話を紹介する。主人公は、征夷大将軍・坂上田村麻呂（※9）。要約すると——蝦夷征伐のために、奥州に行く途中の田村麻呂が、武蔵の国北部（現在の埼玉県）で、大蛇の被害に苦しめられている村を通りかかる。事情を聞いた田村麻呂は、機略縦横の作戦で大蛇を倒した。同地方には、その故事にもとづいた風習がいまも残っているとのこと。

典型的な大蛇退治譚で、スサノオのヤマタノオロチ退治譚の直系の子孫というべき内容になっている。ただし、この話には異伝が多く、べつの話では、木曽（長野県）の大蛇を追いかけてやってきた田村麻呂が、転戦の末、武蔵の国で退治したことになっている。[※10]

伝承文学研究では、神々の時代の話を「神話」と呼ぶ。神々が主人公の話で、人間は登場しないか、登場したとしても脇役である。内容は、現在の世界の秩序の由来を説くものが多い。歴史時代よりはるか以前の、始原の過去の時代（たとえば、陸と海が分かれていなかったころ、空に太陽がなかったころ、男と女の区別がなかったころ……）の話である。

一方、「伝説」は、人々の時代の話である。神々が登場することもあるが、主人公は人間である。時代も、人間の歴史時代のなかのいつかである。源義経や西行法師、小野小町など実在した人物を主人公とする場合も多いが、あくまでも、伝承上の人物としての彼ら彼女らであって、歴史上のその人物の事績とは、かならずしも一致しない。

先の例でいえば、スサノオの話は神話で、田村麻呂の話は伝説ということになる。神話か伝説かという問題は、話し手・聞き手にとっては大きな問題だった。過去のことがらという点は同じでも、自分たちの生きる世界と地続きの時代の話である伝説と、ワンクッションおいた時代の話である神話とでは、話にたいする向き合い方が違う。

史実の田村麻呂は、八世紀末から九世紀初頭に、朝廷の命を受け、征夷大将軍として陸奥（現在の東北地方）の蝦夷征伐をおこなった武将。「蝦夷」というのは中央政府に従わなかった人々の蔑称だが、現在でいうアイヌ民族であるか否かについては諸説ある。

とはいえ、「征伐」というのは中央政府の勝手な言いぐさで、蝦夷の側からみれば、田村麻呂の行為は「侵略」である。福島県田村市および田村郡は、田村麻呂に由来する土地で、さまざまな伝説が伝えられている。それらのなかには、田村麻呂に「征伐」されたオオタキマル（大滝丸、大多鬼丸）という鬼の伝説があるが[※11]、これが征服された豪族の暗喩であることは間違いない。本来ならば、オオタキマルのほうが地元の英雄のはずである。

そう考えると、英雄に退治される怪物たちもまた、被征服者の暗喩であるかもしれない。実際、土地の領主が怪物を退治する話もあるのだ。

佐々成政といえば、織田信長に仕えた猛将として知られるが、この人物にも怪物退治の話がある。次に紹介するのは、『義残後覚』（一五九六年頃）に載る話の要約。成政の死（一五八八年）から、ほどなくして書かれた記事である。題は「大蛇、淵を去ること」[※12]。

**越中の国（現在の富山県）を治めることになった成政は、国の繁栄を願い、山を切り**

拓いて道（後年の北陸道）を作ることにしたが、一か所だけ難所があった。道の半ばほどにある、深い淵である。成政が橋を架けようとしたところ、村人から、この淵にはむかしから大蛇が棲んでいること、毎年、二、三人の人が犠牲になっていて、往来する者もいないことを告げられる。その申し出に、成政はこう答えた。

「なんと憎いやつめ。むかしはともかく、いまは、おれの領内だ。往来の邪魔などさせてなるものか。さっさと退治してくれよう」

すぐに成政はその淵に行き、自分がこの土地の領主であると告げ、水中にいる大蛇に、早々に立ち去るよう要求する。そして、石火矢（大砲）を淵に向かって撃ちこむと、にわかに霧が出て、あたりは暗くなり、大蛇は出なくなった。その後、無事に橋が架けられたという。


大蛇がいなくなった理由について、著者は「道理に納得したのか、それとも、石火矢に恐れをなしたのか」と書いている。わたしの見るところ、後者の理由は考えられるが、前者の理由はなかろう。人間より先に、大蛇のほうが淵に住んでいたのだから。

# ヌシの条件

この話に出てくる大蛇は、ヌシの性格をよく表している。次に要点を列挙していこう。

**一、ひとつ所に長く棲んでいること。**

ヌシたるもの、人間などよりもはるか以前から、その地に棲んでいなければならぬ。住民の言葉に「むかしより此の淵には大蛇の住み候ふて」（原文）とあるように、この淵には、幾世代も前から、大蛇がいたことがわかる。もし、成政が道を作ろうとしなければ、大蛇はこれからもずっと（おそらくは、未来永劫）棲みつづけていたことだろう。

**二、棲みかである場所が、淀んでいること。**

「淀む」を辞書で引くと、「流れがとどこおり水がたまる。水や空気の流れがとまって動かなくなる」（『日本国語大辞典』）とある。浅瀬・早瀬にヌシはいない。この話の淵は「谷底なれば見わたすところ、三十間《けん》ばかりもあるらんと思ふに、下は青淵にてなんなんとみえたり」（原文）とあり、ムード抜群だ。陸棲のヌシも、深山幽谷や古城廃屋など、空気が淀んだところに棲んでいる。

**三、その場所から、離れようとしないこと。**

この話の大蛇は、自身のテリトリーに近づく者には容赦なく襲いかかるが、逆にいえば、近づかなければ安全ということでもある。住民の言葉にも「さるによって《だから》諸国の者、聞き伝えへに、この筋を通り申さぬ」（原文）とある。それでは、いけにえを求めるヤマタノオロチはヌシかという問題が出てくるが、この点については、第四章で述べる。

**四、身体的な特徴があること。**

先に述べたように、ヌシには身体的な特徴がある。とりわけ、身体が大きいというのは、わかりやすい特徴だ。巨体であることは、老齢であること、つまり長くその場所に棲んでいることを示している。この法則は植物にも当てはまり、神木として崇められる樹木は、きまって巨木である。この話の大蛇は姿を見せないが、住民たちから大蛇と呼ばれているからには大きいのだろう。

**五、尋常ならざる能力を持っていること。**

ヌシは、通常の人間には抗しがたい能力を有していなければならない。その能力は、自然現象と結びついていることが多い。この話の大蛇も、退散する際に「淵は逆波立って振動し、俄《にわ》かに霧降りて暗闇となり」（原文）と、派手に暴れている。ときにそれは地形の変容を及ぼすほどの力となる。だからこそ、英雄の活躍が際立つのだ。

俗語では、長く同じ集団（職場やクラブなど）にいる人のことを「ヌシ」と呼ぶことがあるが、だいたい、右の五項目に則っている。同じ場所に長くいれば空気も淀むし、そこから出ていこうとしない。運動不足で体も太ってくる。また、そういう人は、実体験にもとづく尋常ではない能力を持っているものだ。もっとも、英雄に退治されることは少ないが。

気をつけておきたいのは、ヌシは、歳を重ねて巨体化していくにつれて、次第に、特異な能力を身につけていったということである。ヌシはヌシとして生まれるのではない。悠久の時を超えていくことによって、少しずつ少しずつ、生物はヌシへと変化していくのだ。

このことは、ヌシが、生の延長線上にある存在であることを示している。生物が死んだのちにヌシになることもあるが、そうした例はまれである。たいがいは、死というプロセスを経ずに、ただ長く生き続けることによって、生物はヌシ化する。生きものは、生きつづけることによって、べつの何かになるのである。そして、いったんヌシ化したのちは、英雄に退治される以外に死ぬことはない。ヌシとは、生物でありながらも生死を超越した存在なのだ。

なお、この原理は非生物にも当てはまる。古道具の妖怪を「付喪神《つくもがみ》」と呼ぶが、それも、もとはただの食器や楽器、調度品などだった。室町時代成立の『付喪神絵巻』にいわく、「器物、百年を経て、化して精霊を得てより、人の心を誑《たぶらか》す。これを付喪神と号すといへり」(※13)。この一文の「器物」を「生物」に、「付喪神」を「ヌシ」に置きかえれば、そのままヌシ生成のプロセスの説明となる。もっとも、付喪神の場合は職人文化との関わりもあるので、その点はいくぶん注意する必要がある。

陸棲のヌシの例にもふれたい。ヌシが棲むのは水中の場合が多いが、山中にもヌシはいる。蛇を山のヌシとする例もあるが、ここでは全国的に報告例が多く、さかのぼれば『今昔物語集』や『宇治拾遺物語』にも載る「猿神退治」という話を紹介する。[※14] 要約すると――旅中の武者が訪れたある村では、毎年、人身御供として、若い娘を怪物に差し出していた。武者はこの悪習をやめさせるために、しっぺい太郎という犬の加勢を得て、怪物を退治した。その後、武者は娘と結婚した。

この話に登場するのは、「フッタチ」と呼ばれる大猿である。「フッタチ」は漢字で書くと「経《ふ》っ立ち」で、文字どおり「齢をとっている」という意味である。毛並みが白かったり、禿げていたりするのも、この猿が老齢であるのを示している。ただ、山の場合、淵や池、沼、堀のような閉鎖性がないので、ヌシ生成の条件のひとつである「淀み」が生じにくい。水棲のヌシにくらべて陸棲のヌシが少ないのは、そうした点が理由なのだろう。

陸棲のヌシの例としてもうひとつ挙げてみたいのは、家のヌシである。もちろん、ヌシが棲むようになるのは、ふつうの家ではない。何百年という星霜を重ねた古民家や古城である。わたしも福島県田村郡都路村（現在の田村市）で、アオダイショウは家のヌシだという話を聞いたが、[※15] これに類する伝承は全国にある。ヌシが家を護っているわけだが、人が住まなくなったあとも、だれも訪れない廃屋にヌシが棲みつづけていることもある。

## 登場人物の横顔《プロフィール》

神話も伝説も、具体的な事物と結びつけられることが多い。事物は話の信憑性を保証する証拠品である。ひろく捉えれば、ヌシ退治に由来する寺社や、ヌシが棲んでいたとされる河川沼沢、地名なども事物に入れられるが、もっと直接的な物の例もある。

『曽呂利物語』（一六六三年）には、淡路島の、舟越という武士の伝説がある。[※16] やはり「龍退治」の話で、主人公の心情が「わが領内で、こんなことがあるのを、放っておいてよいわけがない」と書かれているのは、先の佐々成政の言葉と通ずる。時代は下るが、『金集談』（一八世紀前半）という本にも、淡路の舟越氏には、先祖が退治した大蛇の骨が伝わっているという記事がある。[※17] また、同地には、大蛇退治譚にまつわる蛇供養という行事もある。

ヌシを水の象徴とみるなら、為政者がこれを制しようとするのも理解できる。古代中国の皇帝・禹《う》（夏王朝の創始者。黄河の治水事業をおこなったとされる）がそうであったように、[※18]

いまもむかしも、治水は政治の根本である。

大蛇退治に由来する「蛇骨《じゃこつ》」という地名もある。福島県郡山市には、いまも蛇骨地蔵堂があるが、[※19]これも大蛇退治の伝説とかかわる。その福島県にある伊佐沼（現在の二本松市）は、もとは「居蛇《いじゃ》沼」と呼ばれていたという。[※20]地名のとおりに、ここにもヌシの伝承がある。龍が暴れていたのを、諸国行脚中の旅僧が鉄鉢のなかに封じ込めたのだそうだ。珍しいのは、その龍の干物が当地の龍泉寺に伝えられていることで、話によると、タツノオトシゴのようなものだそうだ。

また、ヌシの証拠品として、武具が伝えられていることもある。蛇切丸という名刀の伝説は各地にあるが、『宿直草《とのいぐさ》』（一七世紀後半）には、そのパロディーのような話が載っている。[※21]要約すると——二間（三・六メートルほど）の蛇を退治したゆえ、「蛇切り」というあだ名をつけられた侍が、琵琶湖に棲む大蛇の退治を頼まれる。それで侍が水中に入ってみると、大蛇だと思われたのは、じつは入水した武士のミイラだったという落ちがつく。

このようなヌシ退治の証拠品から、人々は、はるかむかしの英雄の活躍に思いを馳せる

『曽呂里（利）物語』より「舟越の龍退治」（国立国会図書館蔵）

のである。英雄の活躍を信じない人でも、そこに古代のロマンを感じるだろう。

さて、あらためて、ヌシ退治の神話・伝説に登場する人物たちを整理してみる。

まずは、ヌシを退治する英雄。ヤマタノオロチの神話でいえばスサノオがそれに当たる。武勇に優れた若武者とされることが多いが、僧侶や山伏といった宗教者である場合もある。その場合は、武勇ではなく、経を読むなど法力でヌシを退治することになる。また、武者が武勇と法力の両方を駆使することもある。また、ヌシと相打ちになり、落命する場合もある。

次に、人身御供にされる若い娘。クシナダの役回りである。ヌシの被害を象徴する存在で、もちろん美女である。助けられたのちは、英雄と結ばれることが多いが、登場しない場合もある。ストーリー展開上では受け身な存在だが、ヌシに選ばれ（魅入られ）ている時点で、ふつうの人間でないことは押さえておく必要がある。

人身御供にされるのが若い女性である点は、英雄が男性である点と合わせて、ジェンダーの問題が浮かび上がってくる。男性が人身御供にされ、女性が助けるというような例はない。しかし、表面的な解釈から、女性を助けられるだけの非力な存在だとみなすのは早計である。英雄が、女性から力を得ているという見方もできるからだ。

スサノオは、クシナダを櫛に変身させたのち安全な場所に避難させるのではなく、その櫛を身に着けたままヤマタノオロチとの戦いに臨む。このスサノオの行動の理由については諸説あるが、女性の霊力を味方につけるためだという説が有力である。(※22)スサノオとともに、クシナダも戦っていたのだ。そのほかの伝説では、こうした明確な描写はないが、英雄の力の源に、いけにえにされようとする娘のもつ女の霊力の存在があったのは間違いない。柳田國男は、これを「妹の力」と呼んだ。(※23)

そして見落とされがちだが、このほかに、ヌシがいる日常を受け入れて、日々を暮らしている村人たちがいる。アシナヅチ・テナヅチ夫婦がそれであるし、いけにえに選ばれる前のクシナダがそうである。目立たない存在だが、話の聞き手・読み手はこの立場になる。

興味深いのは、旅のさなかにその土地を訪れた英雄はヌシを排除しようとするが、もとからその土地にいた住人たちは、ヌシがいる日常を受け入れている場合が多い点である。娘を差し出す両親は、運命の理不尽を嘆きながらも因習にしたがい、娘のほうも、泣きはしても唯々諾々《いいだくだく》と両親の言うことを聞いている。

ヌシを退治するのは、外部からの来訪者たる英雄である。旅人である彼には、ムラの論理の矛盾が見え、それに抗《あらが》い、さらには変えようとする。先の話の佐々成政は旅人ではないが、新たにその土地を統治することになった、つまりムラの論理の外側にいるという点では同じである。変革者は、外部から来ることが多い。これは日本社会の特色であろうか。

ここで気になるのは、英雄が来なかったらどうなるか、という点である。各地の伝承を見ていくと、そうした例も少なからずあるのである。そうした場合、先ほど紹介した菅生石部の大蛇退治の話のように、若者が立ち上がってヌシを退治することがある。外部から変革者が来ないとき、共同体の内部で旧慣悪習を糺《ただ》そうとするのは若い世代だ。しかし、その若い世代も立ち上がらない場合がある。そうしたときには、地域の住民はヌシとつきあいながら、日々を暮らしていかなければならない。この点については第三章で取り上げるが、その前に、そもそもヌシとは何なのか、もう少し考えてみたい。

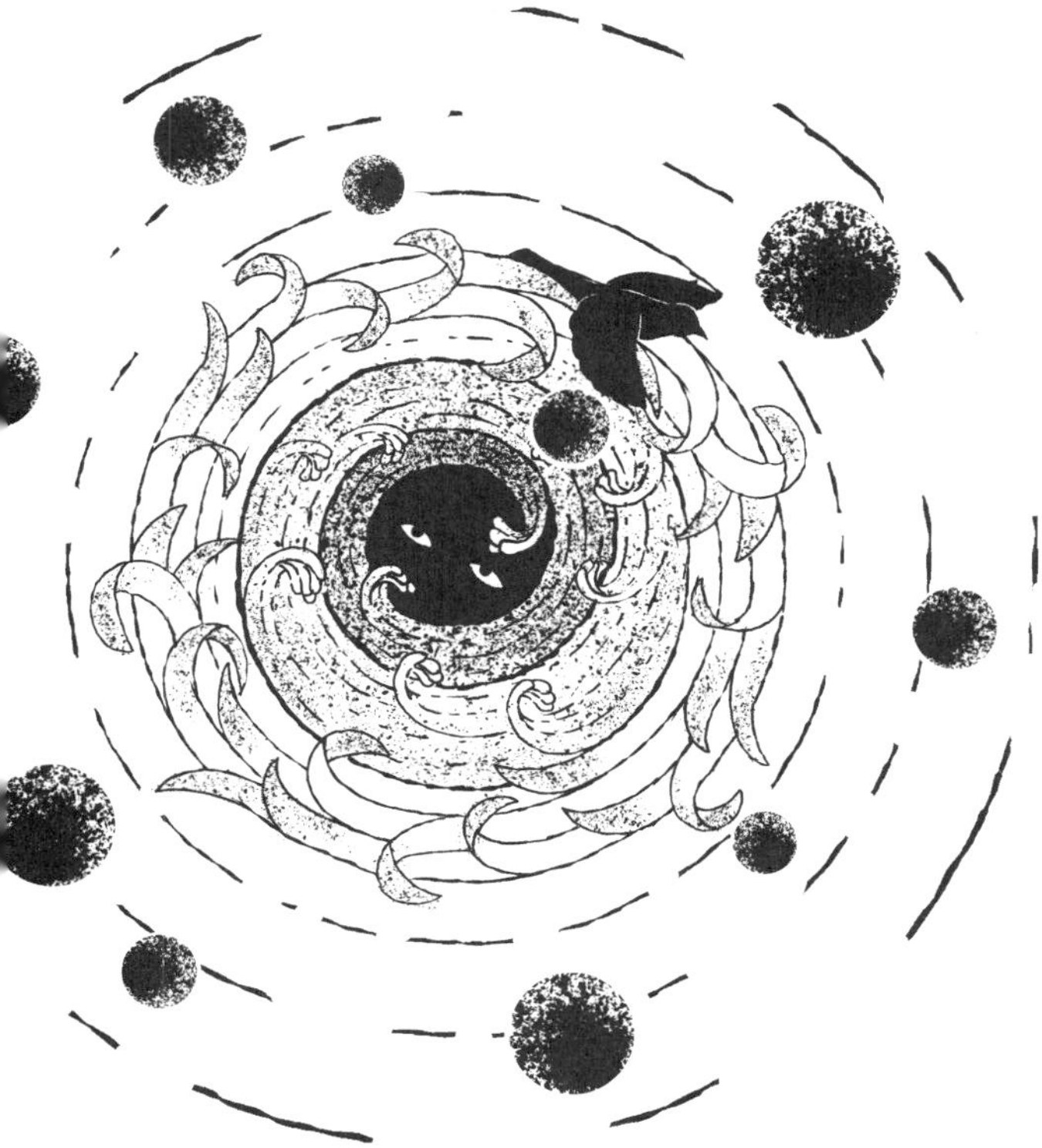

第二章

# 神・妖怪とヌシ

# 夜刀神の領分

ヌシと人間の関係を考えるのによい例が『常陸国風土記』（七二一年）行方《なめかた》郡（現在の茨城県行方市）の段に載る、夜刀神（ヤツノカミ、またはヤトノカミ）の説話である。（※1）『常陸国風土記』は、天皇の命を受けた常陸の国司が、古老から聞いた当地の言い伝えをまとめたもの。夜刀神の説話も「古老の言へらく……」（訓み下し）と始まる。以下に内容を要約すると——

継体天皇の御代（五〇七～五三一年）、箭括《やはず》氏の麻多智《またち》という人が、郡より西の谷の草原を切り拓いて、新たに田を作っていた。

そのとき、夜刀神が群れをなして押し寄せ、田作りを阻止しようとした。土地の人が言うには、「蛇のことを夜刀神と言います。蛇の姿をしていて、頭には角があります。その姿を見ると、家系が絶えてしまいます。この郡の野原には、とてもたくさん棲んでいます」とのこと。

それを聞いた麻多智は怒り、甲冑を身にまとい、矛《ほこ》を手にして、夜刀神を打ち殺し、追い払った。

そして、麻多智は山の入り口に標《しるし》の杖を立て、こう宣言した。

「ここから上は神の地とすることを許し、ここから下を人の田とする。これからのち、わたしは祝《ほうり》（神職）として永久に敬い、祀るので、どうか祟らないでほしい。恨まないでほしい」

その後、麻多智は社を設けて、祀った。麻多智の子孫はその後も祭祀を続け、いまにいたるまで絶えることがないという。


朝廷に恭順せず、征伐の対象になった古代の地方豪族たちは「土蜘蛛《つちぐも》」と呼ばれていた。この「土蜘蛛」という語が独り歩きし、時代が下るにつれて妖怪化したことは

行方市の夜刀神社前にある椎井の池（愛宕神社の境内にある。著者撮影）

よく知られている。（※2）夜刀神も土蜘蛛＝地方豪族の同類のように見えるが、おそらく、そうではあるまい。なぜならば、麻多智が切り拓く以前のこの土地は、人間の住める場所ではなかったからだ。説話では「夜刀」という字が当てられているが、「ヤツ」は「谷地《やつ》」、すなわち湿地を指す語である。現在でも行方市は利根川や霞ヶ浦などを擁し、近辺には湿地が多く、往時が偲ばれる。夜刀神との争いは、人が湿地を水田に造成するところから始まった。

　神と人の領域を、杖立によって区切るところが象徴的で、赤坂憲雄は、境界論の観点からこの説話を論じ、「蛇の姿態をした夜刀＝谷の神のイメージは、たいへん原初的な自然の霊威の形象化のようにおもわれる」と述べている。（※3）また、小島瓔禮《よしゆき》は、種まきや田植えの際に水田に杖を立てる「地もらいの作法」（山野の神霊から土地を譲り受ける儀礼）との関連を見出し、「農耕といい建築といい、自然のなかから、人間が利用する空間を占有することである」と述べている。（※4）

　一方、小松和彦は、柳田國男の妖怪論を検証する作業の過程で、この説話を扱っている。（※5）小松は、夜刀神を「〈神〉と〈妖怪〉の間を揺れ動いている」存在と位置づける。そして、こんにちの人が思い描くところの「妖怪」として現れた夜刀神が、最初から「神」と呼ばれていること、麻多智によって神として祀られていることに注目し、零落した神を妖怪だとする柳田説のアンチテーゼとしている。

この問題については語りの水準も考慮しなければならないが（『常陸国風土記』の編者がこの話を記述したのは夜刀神が祀られたあとだったから「神」と表記したとも受け取れる）、「夜刀神は神か妖怪か」という問いは「ヌシは神か妖怪か」という重要な問いにもつながる。その問いに向き合う前に、夜刀神をヌシと見なしてよいかという点について検討しよう。

先の『常陸国風土記』の話には後日譚がある。麻多智の夜刀神退治から、百年ほどのちの時代の話だ。要約すると――

**孝徳天皇の御代**（六四五～六五四年）、**壬生連麿《みぶのむらじまろ》という人がその谷を占拠し、池に堤を造らせた。**

**すると、夜刀神が池のほとりの椎の木の株に集まってきて、いつまでたっても、去ろうとしなかった。麿は大声でこう言った。**

**「この池を修めるのは、民を生かすためである。どの神、国津神《くにつかみ》が、風化《おもむけ》**（天皇の徳による教化）**に従おうとしないのか」**

**そして、麿が、土地の役人に「目に見えるものはすべて、魚虫の類はことごとく打ち殺せ」と命じたところ、夜刀神は去って行った。**

**その場所は現在、椎井の池と呼ばれている。池の周りには椎の株があり、清泉が湧き出ているため、そう名づけられたのである。**

右に引用した『常陸国風土記』の本文には、ヌシという語は一度も用いられていない。にもかかわらず、夜刀神をヌシの古例としてあげたのは、人間（箭括麻多智、壬生連麿）との関係性がヌシ的なのだ。

## 国津神の末裔

壬生連麿が、夜刀神に向かって「どの神、国津神が、風化に従おうとしないのか」と啖《たん》呵《か》を切るのは、ヌシと人間の関係を端的に表している。原文は「何神誰祇不従風化」、日本古典文学大系（秋吉吉郎校注）の読み下しは「何《なに》の神《あまつかみ》、誰《いづれ》の祇《くにつかみ》ぞ、風化《おもむけ》に従《したが》はざる」。「神」を「あまつかみ」、「祇」を「くにつかみ（国津神）」と読ませている。

日本神話の神々は、天《あま》津《つ》神《かみ》と国津神の二系統に大きく分けられる。「津（つ）」は格助詞「の」の意味なので、現代語訳すれば「天の神」と「国の神」だ。つまり、天津神は、高天原（天上界）におわす神々のこと。国津神は、葦原《あしはら》の中津国《なかつくに》（地上界）におわす神々のことである。

そして天津神が、葦原の中津国に降り立ったとき（天孫降臨）、国津神と出会った。天津神であるアメノウズメ（天宇受売）が、国津神であるサルタヒコ（猿田毘古）に名を尋ねる場面がそれだ。アメノウズメは芸能の祖とされる女神で、天岩戸神話で知られる。サルタヒコは天狗を思わせる鼻高かつ巨躯の異形の男神だが、不明瞭な点が多い。

このとき、サルタヒコは「天津神が降臨されるとうかがい、お迎えに上がったのです」と話し、先導役を買って出ている。その後、国津神は、天津神に葦原の中津国を譲り渡す（国譲り）。その後、アメノウズメとサルタヒコは夫婦となった。こう書くと、天津神と国津神の平和共存の象徴のように見えるが、実情はそんな生易しいものではなかったはずだ。

というのも、このエピソードのあと、日向国（現在の宮崎県）に赴いたアメノウズメは、海に棲む魚介たちに向かって、天孫ニニギ（邇邇芸）に仕えるか否かを聞き、返事をしなかった海鼠《なまこ》の口を小刀で切り裂いているからだ（「だから、海鼠の口はいまでも裂けている」という動物由来譚となっている）。神々のいる土地にべつの神々が降り立ったのだ、両者のあいだに相克があったと捉えるのが自然だろう。実際、国津神のタケミナカタ（建御名方）は国譲りに抵抗して、天津神のタケミカヅチ（建御雷）と争い、敗れたのちに恭順している。その際、諏訪湖まで追い詰められたタケミナカタは、その土地から出ていかない旨を誓っている。

これもまた、ヌシの要件である。

神話学では、天孫降臨から国譲りにいたる説話は、大和王権の勢力拡張の暗喩だと解釈されている。すなわち、征服者＝大和王権が信仰していた神々が天津神、被征服者＝土着の豪族が信仰していた神々が国津神、という図式である。

先学が指摘しているように、「○○主《ぬし》」という名の神々は、国津神の側に集中している。(※6)たとえば、オオクニヌシ（大国主）、コトシロヌシ（事代主）、オオモノヌシ（大物主）……等々。これは豪族の信仰していた土着の神々を「ヌシ」と呼んでいたということを意味している。現在の伝承で、ヌシたちが特定の場所、土地に盤踞《ばんきょ》しているのもこれに関連するのだろう。それは「ヌシ」という語の成り立ちから考えても明らかである。「ヌシ」の語源は「ウシ」（「大人」という字が当てられる）だとされる。「土地を領有する人」の意味だ（『日本国語大辞典』）。「ウシ」に格助詞の「ノ」を付けた「……ノウシ」が短縮されて「ヌシ」になったとする説である。古くから、その土地に居座り続けている先達を指す言葉だった。(※7)

以上のことから、夜刀神にヌシの原型を見出せるのである。だから、先の訓み下しの「神」も、本来ならば「祇」と同じく「くにつかみ」であらねばならないだろう。

それにしても、夜刀神と人間の対立が、湿地開拓のときと、堤防建設のときに起こっているのは、後年のヌシ伝承のエッセンスが示されていて面白い。その後に、全国各地で繰り広げられるヌシと人間との物語の大半は、せんじ詰めればここに起因することが多いのである。たとえば、鳥取県気高郡気高町（現在の鳥取市）の日光池のヌシは、新田開発のために棲みかを追い出されたといい（※8）、岐阜県大垣市の曽根には、堤防決壊でできた池にヌシが棲むという伝承がある（※9）。

その一例として、岐阜県羽島市のヒキズリの伝承をあげよう。古来、羽島市周辺は水害が多く、人々は治水に頭を悩ませていた。地理の教科書に載っていた「輪中《わじゅう》」（集落を囲んだ堤防）のことを記憶している方もいるだろう。ヒキズリ（ヒクズリとも）とは、この堤防の近辺に出る龍のような姿の怪物で、文字どおり、地面に体を引きずった跡を残すという（※10）。『はしま市むかし話』には、「ヒキズリは見

輪中が広がる濃尾平野

るとたたりがあるが、見なければ、ええ生きもんや。ほどよいおしめりがもらえるし、この長良川のつつみも、ヒキズリが、みよの池に住みついてから、ここでは切れんようになったということや」とある。[※11] 堤防決壊の恐怖を、身をもって知る者の言葉だ。『美濃国羽島市の伝説と史談』（一九七七年）には、この海用《みよ》池のほとりには、弁天さまが祀られていたとある。[※12] いわゆる弁天堂であろう。弁天（弁才天）は、時代により地域により多様な顔を見せる女神だが、もとはヒンズー教の水神で、蛇とも縁が深い。蛇を巻きつけた姿で描かれることもあり、弁天池という名の池が日本各地にある。

郷土史家の後藤昌美は、海用池の「海用」が一般名詞だったことを指摘している。[※13]「海や川の水が集まる深いところ」という意味で、羽島市以外にも「海用」という地名があるとのこと（岐阜県岐阜市海用畑町、愛知県愛西市赤目町海用など）。ヒキズリが出る海用池については、郷土資料に「むかし長良川のつつみが、ときどきそこで切れて洪水になった。そして、水が引いたとき、そこに水がのこって大きな池ができたと言われている」と記されているとしている。

さいわい、ヒキズリに対して、土地の人々は畏怖の念をもっており、夜刀神に対する壬生連麿のような対応はしていない。だが、ともかくも、海用池のヒキズリがヌシであり、夜刀神の末裔だったことは間違いない。敷衍《ふえん》すれば、全国の河川沼沢の底に棲むヌシたちはみな、夜刀神の末裔だったと見なせるのである。

## 神でもあり、妖怪でもあり

先の「ヌシは神か妖怪か」という問題に立ち返ると、わたしは、ヌシとは「神でもあり、妖怪でもある」存在だと考えている。小松和彦は、祀られた超越的存在を神とし、祀られていない超越的存在を妖怪としている。(※14) それでは、「祀られている／祀られていない」とはどういう状態なのだろうか。

一般的に「祀る」とは、社や祠を設け、定期的に儀礼をおこなうことをいう。これを基準とすれば、全国のヌシには、祀られたものと、祀られず、ただ恐れられているだけのものがあり、前者は「神としてのヌシ」、後者は「妖怪としてのヌシ」と、一応は定義づけられる。それをふまえたうえで、祀られるきっかけになった感情に注目しなければならないだろう。

ここで、ヌシが、人々に恐怖心を抱かれていただけではなく、畏怖の念を抱かれていたことにこそ注目すべきだと思う。畏怖の念は、神への信仰心にも、妖怪への恐怖心にも、どちらにでも振れるものだ。だから、より正確に言うなら、ヌシには「神として祀られているヌシ」と「現在は祀られていないが、神に転ずる可能性があるヌシ」がいることになる。たとえば、先ほど紹介したヒキズリは、祀られているわけではないが（そばに弁天堂はあるが、ヒキズリを祀ったわけではない）、ただ怖がられているだけでもない。畏《かしこ》まって恐れられている。現時点では妖怪の範疇に入れられるヒキズリも、何かの拍子に神へと転ずる可能性があったし、今後もありうる。神へと転ずる可能性のある畏怖か、その可能性のない恐怖か。これはヌシのみならず、妖怪全般に当てはまる問題であろう。

さて、学界での定義はさておき、われわれが思い描く「妖怪」のイメージの基礎を創ったのは、水木しげるである。では、水木の妖怪図鑑のなかで、ヌシはどのように扱われていただろうか……と考えていて気がついたのだが、わたしの記憶では、水木妖怪のなかに、ヌシはいなかったように思う。考えてみれば、ふしぎな話だ。というわけで、少し調べてみた。

水木の編集した妖怪図鑑は、最晩年にいたるまで何種もある。傾向としては、時代が下るにつれて項目数が増え（＝妖怪の数が増え）、結果、水木の考える「妖怪」像がぼやけてきている。当初から、水木は「妖怪博士」として研究者的な立ち位置からの発言が多かったが、とくに一九九〇年代以降、妖怪が研究対象にされるようになってから、その傾向が強まった。妖怪研究において、水木の創った「妖怪」が学界にあたえた影響はよく取りざたされるが、逆に、水木自身が妖怪研究に影響を受けていた点にも注意する必要がある。

　水木の考える「妖怪」像がもっとも鮮明に現れているのは、最初に編まれた『妖怪なんでも入門』（一九七四年）である。[※15] その後、妖怪図鑑がシリーズ化されるなどとは神ならぬ身の知る由もなく、それだけに水木の妖怪観がストレートに表れている。

『妖怪なんでも入門』に取り上げられた妖怪は一六三体にのぼるが（索引による。ただし、すべてに妖怪画があるわけではない）、妖怪名、もしくは解説文中に「ヌシ」という語が用いられた例はひとつもない。「ヌシ」という語は用いられていないが、明らかにヌシと見なせるというケースも少ない。河童系の妖怪のほか、おさかべ、磯女、牛鬼《うしおに》、キムジナー（「キジムナー」の誤記）などがそれらしいけれど、太鼓判を押してヌシとは呼べない。ひろく採れば、「水にすむ妖怪」の項にあるがま（大蛙）がそれに当たるか。解説には「年をとった大がま」、「床下に住みつくと、その家の人たちは病気になるという」とある。

『妖怪なんでも入門』に収録された水木の漫画「オベベ沼の妖怪」（『ゲゲゲの鬼太郎』でアニメ化もされたエピソード）に登場するかわうそ（川獺）にヌシの要素があることを思えば（大亀も登場する）、このことはいささか奇妙な気がする。同書の表紙イラストも、かわうそであるのに、だ（鳥山石燕『画図百鬼夜行』の「獺《かわうそ》」を描き直したもの）。

その後に編まれた水木の妖怪図鑑では、項目数の増加とともに、ヌシ的な存在も取り上げられるようになってきている。しかし、それでも数としては少ない。たとえば、『日本妖怪大全』（一九九一年）[※16]に立項された四二三体の妖怪のなかに「ヌシ」という語を名称にふくむものは一例もなく、解説文中に「ヌシ」という語が使われたのも、「一目入道」の項（「佐渡でもっとも大きい湖の加茂湖には、主がすんでいると伝えられ」とある）と、「大蛸の足」の項（「岩の主といわれる大蛸が」とある）、「沼御前」の項（「この沼には「沼御前」と呼ぶヌシがすんでいるといい伝わる」とある）の三か所のみである。

『日本妖怪大全』の妖怪のなかで、解説文中に「ヌシ」という語が用いられていなくてもヌシと見なせるものは、貝吹坊、かに坊主（昔話「蟹問答」の妖怪。第四章参照）、大旅淵の蛇神、岩魚《いわな》坊主（昔話「物食う魚」の妖怪。第八章参照）、なまず神……あたりである。とくに大旅淵の蛇神は「高知県長岡郡本山郷天坪の字穴内赤割川」（現在の本山町）と伝承の所在地もはっきりしていて、解説の内容もヌシそのものなのだが、あくまでも「蛇神」という語が用いられている。ほかにヌシ伝承と関わるのは、猿神（昔話「猿神退治」の妖怪。第一章参照）、蛇骨《じゃこつ》婆（『妖怪なんでも入門』にも載っているが、解説文は差し替えられている）、出世螺《しゅっせぼら》（第五章参照）など。老齢の動物の怪異ということでいえば、さざえ鬼が入るし、文芸からの妖怪でいえば、清姫も入れられなくもないが、やはり数は少ない。

要するに、水木の「妖怪」概念の中心にヌシはいない。水木妖怪が日本人のスタンダードな「妖怪」イメージを創り上げたのだとすれば、これは無視できない問題である。

## 水木妖怪とヌシ

水木には『日本全国 神様百怪』（二〇一〇年）という本もあり、[※17] 全国の神（民俗神が中心）が地域別にまとめられている。その際、過去に妖怪画として描かれたものが、神の絵にパラダイム転換され、収録されている。たとえば、猿神、大旅淵の蛇神、なまず神などだ。

しかし、ここでも「ヌシ」という語は、神名にも解説文中にも出てこない。ヌシに相当

大旅淵の蛇神（Ⓒ水木プロ）

する神といえば、鍬山大明神（京都府船井郡）、ハンザキ大明神（岡山県真庭郡湯原町。現在の真庭市）、水釈様（宮崎県西臼杵郡高千穂町）などがあるだけだ。ヌシは水木の考える「神」の範疇にも入りにくいようだ。先に、ヌシを「神でもあり、妖怪でもある」存在だと書いたが、水木にとって、ヌシは「神でもなく、妖怪でもない」存在だったようだ。なぜだろうか。

　理由の一は、ヌシの多くが、サイズは大きくても、ふつうの動物とあまり変わらない姿形をしているので、ビジュアル的にバラエティーに乏しいことがあげられる。図鑑という形式の性質上、描かれる対象に差異がなければならないので、除外されてしまったのではないか。たとえば『全国ヌシ図鑑』のようなものが作られたとしても、そこに載せられるイラストは、蛇や魚ばかりになる。単純な理由だが、商業出版である以上、あり得る話だと思う。

　理由の二には、そもそも、水木妖怪の主要な典拠となった江戸の妖怪画家・鳥山石燕の妖怪画集にも、柳田國男の「妖怪名彙」にも、ヌシと目される存在が少ないことがあげられる。水木妖怪には、石燕―水木ラインの妖怪と、柳田―水木ラインの妖怪の二系統があるが、どちらの系統にも、ヌシの影は希薄である。

　試みに、石燕の妖怪画集を見てみよう。石燕の妖怪画集は、『画図百鬼夜行』（一七七六年）、

『今昔画図続百鬼』(一七七九年)、『今昔百鬼拾遺』(一七八一年)、『百器徒然袋』(一七八四年)の四作である。(※18) 収録された妖怪は、数え方にもよるが、見出しを基準にすれば二〇三体にのぼる。そして、このなかに「ヌシ」という語を名称や詞書《ことばがき》にふくむ妖怪は一例もない。

古い樹木が妖怪化した木魅《こだま》(詞書に「百年の樹には神ありて、かたちをあらはすといふ」とある)、古《ふる》山茶《つばき》の霊(詞書に「ふる山茶《つばき》の精、怪しき形と化《け》して人をたぶらかす事ありとぞ。すべて古木は妖をなすこと多し」とある)、老齢の動物が化したとおぼしき妖怪(猫又、獺、比々《ひひ》……など)、長《おさ》壁《かべ》(詞書に「長壁は古城にすむ妖怪なり」とある)のような古い建築物に棲む妖怪や、古道具の妖怪の例も散見されるが、ヌシと見なせるようなものではない。

一方、柳田の「妖怪名彙」は、雑誌『民間伝承』(一九三八〜三九年)に連載され、のちに『妖怪談義』(一九五六年)の巻末に収録された。(※19) その目的については「怖畏と信仰の関係を明らかにしてみたい」と書かれている(「怖畏」は「畏怖」と同義)。柳田が編纂した「〇〇名彙」というタイトルの民俗語彙集のひとつだが(「昔話名彙」、「伝説名彙」……など)、後年の妖怪事典のはしりというべき内容になっている。もちろん、図版はない。

「妖怪名彙」に立項された八〇体の妖怪の名称に「ヌシ」の語をふくむものは一例もない。解説文中に「ヌシ」の語が見られるのは、オイテケボリのみ(「魚の主が物をいった例であろう」とある)。そのほか、ヒヲカセの項でも、謎の女児の正体を「淵の神の子であったろう」と推測しているが、この二例ぐらいである。

　石燕がヌシを採録しなかったのは、先に指摘した図鑑という形式が影響しているだろう。妖怪画家である水木は石燕の後継者だった。では、柳田がヌシを妖怪から外したのには、どういう意図があったのだろうか。『妖怪談義』の本文にヌシに関する記述があるのを思えば、奇妙な気もする。柳田民俗学におけるヌシの問題については、今後の課題としたい。

　もっとも、考えようによっては、すべての水木妖怪にヌシの要素があるともいえる。『妖怪なんでも入門』から、水木の妖怪観を抜き出すと（カッコは伊藤の補足）――「(妖怪は)人間の存在に関係なく、前からそこにいたのだという感じがある」、「妖怪は、いっぱんにこちらがむかっていかなければ、むこうから、いっぽう的に攻撃してくることはない」、「最近は妖怪のすみそうなところは、どんどん道路ができて、車がはいきガスをまきちらしているから、だんだん妖怪もすみにくくなってきていることは確かだ」、「都会のマンションでコンクリートばかりのところに住んでいる人は、妖怪を感じられない」……等々。

　子ども向けに書かれているぶん、かえって、水木の本音が表れているのではないだろうか。こうした水木の妖怪観は、テリトリーを作り、人との棲み分けを好むヌシの行動に通ずる。

　水木は、妖怪を自然の象徴と見なして、人間文明と対比させているが、それは時代を反映させた思想だった。水木の漫画「原始さん」は、突如、現れた巨人が「原始にかえれーっ」と叫びながら都市を破壊し、自然を取り戻そうとする内容だ。[※20] 作品が書かれたのは高度経済成長期の一九六九年で、水木の心情が吐露されている。水木の描く妖怪は、前近代からの先住人である。

だから、水木は都市の怪異を描けなかった。水木の論理に則ると、都市に妖怪は棲めない。水木の描く都市の怪異は、妖怪のしわざではなく、人間の心の闇として表出される。なお、水木の没後に制作されたアニメ『ゲゲゲの鬼太郎』第六期（二〇一八～二〇年）には、現代のネット社会に潜む妖怪たちが登場していて、良くも悪くも、水木の妖怪観を逸脱している。

清水潤は、一九六〇年代後半の水木漫画を評し、「この時期の鬼太郎の都市化の時代のなかでの地方の旅こそが、最も強い同時代意義を担っていた」と述べている。[※21] 変わりゆく国土のなかで滅びゆく自然。そこに見いだされた水木妖怪の多くはヌシの近縁であり、やはり夜刀神の末裔だった。

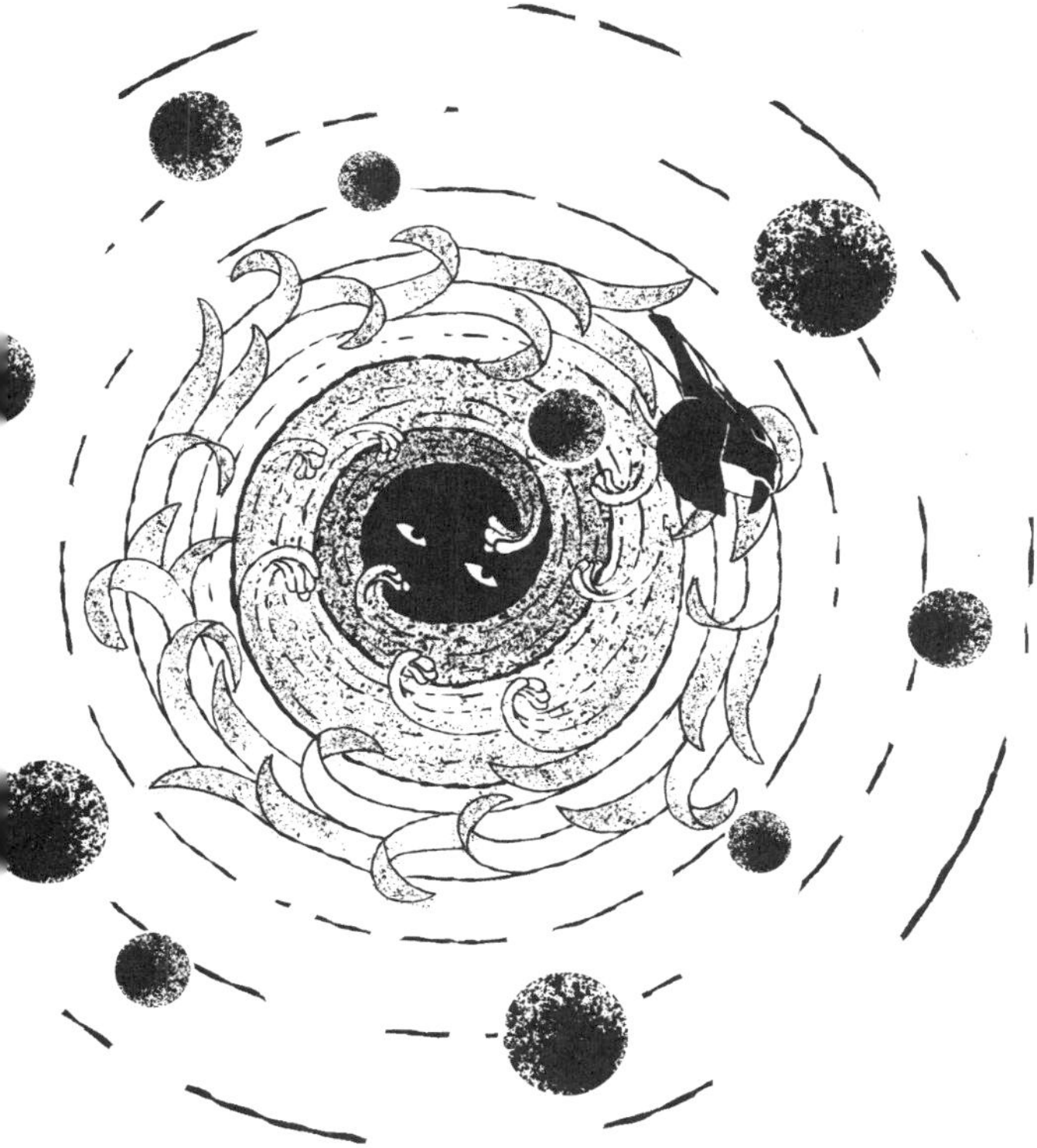

# 第三章

# ヌシとのつきあい方

# ヌシとの約束

全国に、大蛇や龍神を祀った神社は数多い。第一章で、淡路の舟越家に伝わる大蛇の骨や福島県郡山市の蛇骨地蔵堂を紹介したが、それなどは氷山の一角。ご神体とされるのは骨、とくに頭骨が多い。「虎は死して皮を残す」というが、ヌシは死して骨を残すのだ。わたしが住んでいる横浜にも、蛇骨神社がある（「蛇骨」には「蛇幸都」の字が当てられている）。

なぜ骨なのか――という問いに答えるには、魂と肉体、骨の関係について突き詰めて考えなければならない。そのためには、日本人の霊魂観を、在地の神道思想と外来の仏教思想から捉える必要があり、わたしには大きすぎるテーマだ。ここでは、ヌシの骨は死後もその力を発揮するのだという点だけを押さえておく。

古来、この国には、ヌシのもつ負のエネルギーを、祀り上げることによってプラスに転じさせ、味方につけようとする発想があった。いわゆる「御霊《ごりょう》信仰」に通ずる発想である。

横浜市の蛇幸都（蛇骨）神社（著者撮影）

「御霊信仰」とは、恨みを残して死んだ者の霊魂である「怨霊」を、神として祀り上げることによって「御霊」に転換させて、守り神とすることだ。代表的なものに、崇徳上皇や平将門、菅原道真を神として祀り上げた例があげられるが、御霊信仰の発想自体はもっとさかのぼれる。千年もの長きにわたって、日本人は怨霊／御霊とつきあってきた。

ここで、退治されたのちも、ヌシのエネルギー自体は消滅せずに持続している点に留意したい。エネルギーを消滅させるのではなく、人間に害がおよばないように、うまくコントロールし、利用する。たとえていうなら、火山のエネルギーを地熱発電に利用したり、河川のエネルギーを水力発電に利用したりするようなものである。エコロジカルなヌシの利用法といえる。

また、人がヌシと取り引きをして、丸く収めるケースもある。ただし、これらの話のヌシたちは、いちじるしく落ちぶれていて、笑い話に近くなっているが。

最初に紹介するのは、京都府竹野郡丹後町徳光（現在の京丹後市）の話。「河童の詫び証文」と呼ばれる話で、全国的に報告例が多い。以下、『季刊民話』第一号からの引用。(※1)「河太郎」というのは川に棲む妖怪で、河童の別名ともされる。

**徳光の川に河太郎がおったそうで、その河太郎が隣の娘に懸想《けそう》して、嫁に来てくれ**

**言いよったもんだで、隣のおっさんが腹をたてて、出刃包丁を持って談判に行ったら、河太郎が負けてしまって、あやまって、詫証文を書いた言うことだ。**

**それで河太郎は、東小田の曲り角の河原に、竹の笹を突きさしては、毎朝、毎朝、鯰や鯉を置いて行ったそうな。なんでもその時の証文が残っとる言う話だが、河太郎いうのは河童のことだ言うが、どうだかなあ。**

**わしは徳光のもんと東小田の者の、勢力争いの話だと思うんだがなあ。**

最後の一行は話者の解釈だが、河太郎を人間の暗喩であるとするのは説得力がある。

この話の河太郎は、人間の娘に恋心を抱き、言い寄っているが、これもヌシの行動のひとつである。ほかの地域の「河童の詫び証文」の話では、馬を水に引きずり込もうとしているところを取り押さえられたり、相撲に負けて捕まえられたりして、証文を書かされている。あとでもふれるが、馬はいけにえに供されるものであるし、相撲を好むのも神事であるがゆえである。一見、情けない河太郎にも、ヌシの面影は残されている。

注目すべきは、詫び証文を書かされた河太郎が、「河原に、竹の笹を突きさしては、毎朝、毎朝、鯰や鯉を置いて行った」というくだりで、よその地域でも似た例は報告されている。

こうした礼物には、魚のほかに、薬の場合もある。いわゆる「河童の膏薬《こうやく》」の話である。

たとえば、茨城県東茨城郡小川町（現在の小美玉市）には、馬にちょっかいを出した河童が、殿さまに腕を切り落とされたのち、それを取り返しに来るという話がある（※2）。殿さまが、「腕だけを返してもどうにもならんだろう」と言うと、河童は「心配ご無用」と、持参した薬で腕をくっつける。この薬が、家伝として伝えられたのだとか。似た話は、全国にある。少々珍しいのは、秋田藩家老に仕えた医師・神保荷月の家に伝わる秘薬で、同家の先祖が河童の腕を切り落としたのに由来するという。切り傷に効くそうだ（※3）。

また、礼物は贈らないものの、今後、その集落の者を襲わないように、ヌシが誓いを立てたという話も多い。その際、ほかの集落の者と区別をするために、目印を持たせることにしたという話もある。たとえば、滋賀県高島郡朽木村岩瀬（現在の高島市）では、捕まえた河童を放免する代わりに、菅《すげ》の蓑笠をかぶって蒲《すすき》の脛巾《はばき》をつけ、辛夷《こぶし》の竿を持って歩いている者は、襲わないという約束をさせている（※4）。

手もとにある資料を見るかぎり、ヌシの側が、一方的に契約を破棄したという例は見当たらない。ヌシたちは日々、律義に契約を履行している。それも契約を結んだ当人が亡くなったあとも、（ヌシは不死身なので）その家の子孫たちにたいして、代々、約束を守りつづけていくのである。ずいぶんと義理堅い話だが、背景には、日本における文書＝証文文化が指摘できる。

日本の証文文化は、中世（鎌倉・室町時代）に発展し、近世（江戸時代）には庶民のあいだでも定着したという。[※5] いまでも、旧家の土蔵などから大量の証文が出てくることがある。ある大学教授が、さる旧家から頼まれて江戸時代の文書を鑑定したところ、すべて借金の証文だったという笑い話があるが、それほど証文文化が浸透していたということだ。

## ヌシと雨乞い

ヌシへの対処法といえば、⑴退治する、⑵どこかへ追放する、⑶生きたまま封じこめる、⑷神として祀り上げる、⑸契約を交わす……などである。いずれの場合でも、ヌシのエネルギーそのものは消滅していないのは、先に述べたとおり。一見、消滅したように見えても、潜在的にヌシのエネルギーは残りつづけ、何かのおりに噴出し、人々に災いをもたらす。その時がいつ来るのかは人知をもって測りがたい。だから、その時に備えておかなければならない。ヌシの神話・伝説というのは、危機管理をうながす装置としても機能していたのかもしれない。

ヌシへの対処法は、先にあげた五つ以外にもある。ヌシを倒さず手なずけもせず、⑹ヌシをヌシのまま利用するという方法である。たとえば、雨乞いにおけるヌシの利用である。

例外はあるものの、ヌシの多くは川や湖、池、堀など水中に棲む。だいたいは、龍か大蛇、大亀、大魚だ。水中に棲むヌシは、自在に水をあやつる能力をもつ。だから、干ばつのとき、これをうまく利用すれば、雨を降らせることができるというわけだ。では、具体的にどうするのか。

まずは、率直に、ヌシに降雨を祈願すること。祝詞《のりと》をあげたり、供物《くもつ》を捧げたりする。鳥取県西伯郡大山町の赤松の池には、ヌシの大蛇が棲むといい、日照りのときには祈祷をし、池に酒をまく。(※6)高知県長岡郡本山町の赤割川の大旅淵にもヌシが棲んでいて、ここに宝物を投げ入れると雨が降るそうだ。(※7)こうした例は、枚挙にいとまがない。

親切なヌシの話もある。岡山県苫田郡の雨ヶ山の山頂の池のヌシの女神が、ある年の干ばつのおりに里へ下りてきて、「雨を降らせてほしいなら、わたしを拝みなさい」と言う。半信半疑ながらも、村人たちがその池に行き、お祈りをすると、雨が降ったとのこと。(※8)

このように、ヌシのほうから出向いてくれればありがたいのだが、いつもそうとはかぎらない。群馬県館林市の善導寺の井戸には、むかし、この寺の僧侶が封じた大蛇が閉じ込められているという伝説がある。干ばつのときに、この井戸のふたを外すと、雨が降る。ただ、あまり頻繁にふたを外すと雨が降りすぎて水害が起こるので、よほどのときだけだという。[※9] 人間の側が、あえて危険をおかして封印を解くのだから、注意しなければならない。

似た話が愛媛県にもある。南宇和郡一本松町（現在の愛南町）の増田川の蛇淵には、大蛇が棲んでいた。大蛇は僧侶によって封じ込められるが、干ばつのときは人々が蓑笠をかぶって集まり、火を焚いて雨乞いをする。それでも雨が降らない年があったが、ある女が淵のそばの石に乗って踊ると、雨が降った。以来、その石を「雨乞い石」と呼ぶようになったという。[※10]

雨乞いは、当地の人にとって切実なものだった。埼玉県鶴ヶ島市の「脚折雨乞《すねおりあまごい》」は、雨乞いが年中行事化したもので、巨大な蛇を藁で作って練り歩く。また、静岡県沼津市の門池には雌雄の龍が棲むとの伝説があり、干ばつのときには藁で龍を作ってお祈りをして

脚折雨乞（昭和20年代、鶴ヶ島市教育委員会提供）

いた。ある時期までは学校行事に取り入れられていたとのこと。[※11]

雨乞いのときに、煙を焚いたり、鉦太鼓《かねたいこ》でチンチンドンドン音を鳴らしたりするのは、世界的によく見られる呪術。なぜ煙を焚くかというと、煙が雨雲を連想させるからだ。鉦太鼓を鳴らすのは、神に音楽を奉納するためだが、雷鳴の再現とも受け取れる。人工的に雨雲と雷鳴を作り出すことによって、ほんものの雷雨を呼ぼうという発想である。人類学ではこれを「類感呪術」と呼んでいる。[※12]似ている物をもって代用させ、望みをかなえるのだ。

しかし、いくらヌシに祈っても雨が降らないこともある。そういうときは、奥の手を使う。わざと無礼を働いてヌシを怒らせ、雨を降らせるのだ。具体的にはどうするのかというと、ヌシが棲んでいるとされる淵や堀に、刃物や汚れものなどを投げ込んで怒らせるのである。

たとえば、岡山県阿哲郡神代村（現在の新見市）の石樋の淵では、石を投げ込んで、ヌシ（山椒魚）を怒らせる。[※13]秋田県山本郡二ツ井町（現在の能代市）の田代潟では、馬の骨を投げ込む。[※14]この場合の馬の骨にはいけにえの面影がある。長野県伊那郡（現在の伊那市）でも、滝壺に馬の骨を放り込む。[※15]なぜ馬かというと、いけにえの名残りだからだろう。

荒っぽい例では、池や沼の水を、人間が干してしまうというケースもある。当然、ヌシが怒って雨を降らせ、干上がった水を補う。千葉県長生郡長柄町や、[※16]岡山県川上郡成羽町（現在の高梁市）[※17]などで報告されている方法である。奈良県吉野郡十津川村では、大勢で滝に小便をしてヌシを怒らせ、雨を降らせる。[※18]

むろん、こうした行為は平時では禁物である。雨が降るといっても、それは祟りに遭っているのだ。ヌシの力の恐ろしさは周知のことであり、禁忌を破るのは危険な賭けである。同じく奈良県吉野郡十津川村には、不動淵に棲むヌシ（大蛇）を追い出そうとした男が祟りに遭って、一家七人全滅するという恐ろしい話が伝わっている。人間だけではなく、飼っていた牛も猫も死んだというから、罪作りな飼い主だ。[※19]愛知県海部郡十四山村（現在の弥富市）にも、汚いものを捨てると、ヌシの祟りに遭うという言い伝えがあり、[※20]和歌山県東牟婁郡本宮町（現在の田辺市）でも、滝壺に牛の糞を捨てた者が祟りに遭っている。[※21]

この「ヌシの棲みかに物を投げ込むと雨が降る」という発想は、最近まで生きていた。北海道雨竜郡雨竜町には、一九三五年に、日照りが続いていたので、ヌシが棲むという雨竜沼に刃物を投げ込んだという話が伝わっている。この話の話者は「刃物投げ込んだらね、その主が怒って雨を降らすんですって」と話している。[※22]

「雨竜」という地名は思わせぶりだが、もとはアイヌ語なのでヌシとは無関係。右の話の話者がアイヌか和人《シサム》（日本人）かは不明だが、仮に後者だとするなら、明治の開拓のおりに、ヌシの発想も北海道に渡ってきたことになる。

## 椀貸し伝説

ふだんは荒っぽく、気まぐれだけれども、一度、交わした契約はきちんと守る。こうしたヌシの律義さは、一部の妖怪にも当てはまる。

大江山の鬼の首魁・酒呑童子は、山伏の姿に変装した源頼光一行のだまし討ちに遭って成敗される。末期《まつご》に及んで、酒呑童子は「情けなしとよ客僧たち、いつわりなしと聞きつるに、鬼神に横道《おうどう》なきものを（客僧たちよ、何と情けないことをしたものだ。偽りはないと聞いていたのに。鬼神に横道はないものを）」と叫んで、息絶える。

酒呑童子が発した「鬼神に横道なきものを」という言葉の解釈については諸説あるが、「横道」の意味は、「①本道からそれた道。わき道。よこみち。②人間としての正しい道からはずれたこと」（『日本国語大辞典』）で、この言葉を妖怪が人間に向かって言うというところに、アイロニーがある。神も妖怪も一途なのだ。邪《よこしま》なのは人間のほうである。

ヌシとの契約とその破綻をめぐる話としては、全国に伝わる椀貸し伝説があげられる。

たとえば、こんな話だ。以下、群馬県利根郡利根村（現在の沼田市）の話の要約。[※23]

朝晩、浮島の観音さま（利根川の支流・片品川にある）の境内の掃除をしている男がいた。ひまなときに釣りをしていると、滝壺から乙姫さまが現れて、

「この滝壺は竜宮に通じているから、お膳やお椀が必要なときは、紙に書いて流しなさい」と言う（原文には書かれていないが、お礼をしたいということなのだろう）。

あるとき、この男の家でお膳とお椀が必要になり、乙姫に言われたとおりに、必要な個数を紙に書いて滝壺に流すと、翌朝、滝壺の近くの岩の上に置かれていた。

以来、村の人たちは、お膳とお椀が必要なときに、この男の家に頼んで、竜宮から借りるようになった。

ところが、あるとき、借りたお膳とお椀を一人前だけ返し忘れたことがあった。あわてて滝壺近くの岩まで返しに行ったが、とうとう受け取ってもらえなかった。そのときのお膳とお椀は、いまでもその家に伝えられているという。

その後、乙姫がお膳とお椀を貸してくれることはなかった。

さしさわりがあるかもしれないので伏せたが、原文では、主人公の名字と、現在の当主

の名前も記されている。なお、乙姫が出てきた滝は、名勝・追貝渓谷の吹割の滝で、たしかに、この世ならぬ雰囲気が漂っている。この話の場合、人間の側が膳椀を返さなかったのは不注意であり、悪意はなかったのだが、それでもヌシは許さなかった。

椀貸し伝説のなかには、膳椀を借りた人間が、わざと返さなかったという話もある。寸借詐欺であり、とうてい許される話ではない。

静岡県天竜市（現在の浜松市）にはこんな話が伝わっている[※24]――婚礼のお膳とお椀をそろえられなくて困っていた男（花婿ではなく世話係）の枕もとに、「龍巌淵の主」を名のる老翁が現れ、お膳とお椀を貸すという（龍巌淵は富士川にある）。男が淵に行くと、水の中から、お膳とお椀が必要な数だけ、ぷかりと浮かんだ。婚礼が終わったあと、男は、約束どおり、お膳とお椀を返す。以来、この集落の人は、お膳とお椀が必要なとき、淵のヌシに頼むようになった。ところが、あるとき、不心得者が「ひとつくらい、わかるまい」と返さずにいると、ヌシの怒りにふれ、以降、貸してくれなくなった――。

となりの静岡県周智郡春野町（現在の浜松市）には、竜宮淵から借りたお膳とお椀をうっかり壊してしまい、一膳不足のまま返したため、龍神の怒りにふれ、以来、貸してくれなくなったという話も伝わっている[※25]。故意ではないものの、不注意のそしりはまぬがれない。

これらの話の場合、ヌシが膳椀を貸さなくなったのも当然のことだが、不心得者の人間にたいして、それ以上の懲罰はあたえていない。全国の伝承を見ても、椀貸し伝説で祟りをともなうものは、ほとんどない。ふしぎといえば、ふしぎな話である。

　ヌシから借りる物は、圧倒的に、お膳とお椀が多い。それも朱塗りの膳椀など、きわめて高価な物だ。それは日用品ではなく、婚礼のときなどに用いられる。だが、まれには派生形と思われる話もある。いくつか例をあげよう。

　富山県中新川郡立山町白岩には、ヌシが人間に大判小判を貸した話が伝わっている。しかし、やはり一枚失くしてしまった人がいて、貸してくれなくなってしまったという。(※26)静岡県磐田郡水窪町（現在の浜松市）にも、膳椀といっしょにお金を貸してくれる淵があった。(※27)

　また、富山県立山町日中には、家具が不足している人に貸してくれた話がある（ヌシで

膳椀（神奈川県立歴史博物館蔵、著者撮影）

はなく、地蔵が貸したということになっている[※28]。やはり返却するのを忘れて、貸してくれなくなるのだが、家具が緊急にいるというのは、どういう状況なのだろう。嫁入り道具か。

もうひとつ、富山の話。婦負郡八尾町杉原（現在の富山市）の長者塚はオールマイティーで、頼んだものは、何でも貸してくれるという。便利な塚だが、やはり悪心をもった者が返さず（忘れたのではなく、故意に返さなかった）、貸してくれなくなったとのこと[※29]。

兵庫県朝来郡朝来町新井（現在の朝来市）には、「椀貸し狐」の話が伝わっている[※30]。崎山稲荷の神使いの狐で、これも派生形のひとつと捉えられよう。

## 共同体と個人

軽々しく「派生形」などという語を使ってしまったが、実際には、伝承の先後関係というのは判別しにくい。新しく付け加わったと思っていた要素がじつは古態だったり、あるいは、その逆だったりもする。

山梨県都留市鹿留の桂川のおなん淵にも、椀貸し伝説がある。内容は、これまで紹介してきた椀貸し伝説と同じだが、膳椀を貸すのはヌシではなく、粗相を責められてこの淵に身を投げた、おなんという下女の霊になっている。[※31] それで膳椀を返すときに数が足りないという展開になるわけだが、こうなると、だれが聞いても皿屋敷伝説が想起される。

皿屋敷伝説とは、不注意で高価な皿を割ってしまった下女が、井戸に身を投げたのちに（殺されて井戸に捨てられたとする話もある）幽霊と化し、「いちま〜い、にま〜い……」と皿を数えるという話である。[※32]「番町皿屋敷」のお菊さんの印象が強いが、じつは全国的に伝承されている話だ。はっきりとは書かれていないが、「おなん淵」の話の下女の粗相とは、皿を割ったことではなかろうか。

この話が、椀貸し伝説と皿屋敷伝説の混淆《こんこう》したものだとして、どちらが先とは決めがたい。ただ、皿屋敷伝説に、椀貸し伝説に通ずる要素があったことはたしかである。ということは、お菊さんにも、ヌシ化する要素があったことになる。実際、人がヌシになる話は例が多いし（第九章参照）、ヌシが棲む井戸の話も多いのだ。

さて、椀貸し伝説について考えるうえで、二点、注目すべきことがある。一点目は、ヌシとの契約を結んだのも、それを破ったのも、共同体（村落）のなかの一個人であるということ。二点目は、その一個人のふるまいが、共同体の成員全員に影響を及ぼしているということである。

ある心根の良い者を助けるために、ヌシは膳椀を貸した。これをきっかけに、その者の属する共同体の成員全員が、ヌシの恩恵にあずかることになった。ところが、ある心根の悪い者がヌシの信頼を裏切ると、共同体の成員全員が、ヌシの恩恵を受けられなくなった。家族はもちろんだが、かつての村落もまさに運命共同体だった。だからこそ、村人たちは、村内から、ひとりの不心得者が出ることさえ怖れたのである。ある者が神仏に不敬をはたらいたため、村人全員が洪水に飲まれて死んだなどという話は、各地に伝わっている。

　このように、ヌシとの関係が、個人を超えたものになる可能性がある点には留意したい。この点は、ヌシを自然のメタファーとするなら、容易に了解されよう。ごく少数の人間（ときには、個人）のミスや悪意が引き起こした自然への裏切り行為（たとえば汚染など）が、その地域全体へとはねかえってきた例はいくらでもある（たとえば公害など）。

　ところで、いままで紹介した椀貸し伝説では、ヌシは若い女性や老人の姿で現れているが、全国の事例を見てみると、姿を見せないことのほうが多い。必要な膳椀の個数を紙に書いて、岩の上に置いておくと、翌日、岩の上に膳椀が置かれてある。使用後、岩の上に膳椀を置いておくと、いつのまにかなくなっているのである。

　こうなると、「沈黙交易」の様相を呈してくる。実際、椀貸し伝説を、沈黙交易の様子を伝えたものだと解釈する説もあるが[※33]、見解は分かれている。以下、この本の趣旨からは若干それるが、この点について、少々、考えてみたい。

沈黙交易とは、こういうことである――Aというグループに属している者が、指定された場所に行き、物品を置いて去る。その後しばらくして、Bというグループに属する者がその場所に現れ、物品を受け取る代わりに、代価（金銭とはかぎらない）を置いて去る。またしばらくして、Aグループに属する者がその場所に来て、代価を受け取る。やりとりをする場所は、AグループにもBグループにも属さない中立的な地点に指定される。

　この方法をとると、A・B双方が顔を合わさずにすむので、よけいなトラブルを避けられるというメリットがある。言語も必要としないので、異民族間でも交渉は成立する。世界的に見られる風習で、日本でもかつてはおこなわれていたらしい。

　とはいえ、昔話や伝説に描かれた習俗を、かつて実在したものとみなしたり、結びつけたりするのには注意を要する。たしかに、ある時代の習俗が反映されているケースもあるだろうが、話とは、時空を超えて伝承伝播し、変容しつづけるものだからである。

　たとえば、深沢七郎の小説「楢山節考」は、棄老《きろう》伝説（いわゆる「姥《うば》捨て山」の話。昔話にも例はある）をモチーフにしている。民俗的な意匠をこらしたこの小説は深沢のデビュー作かつ代表作であり、二度、映画化されて、海外にも知られるようになった。

　発表時点での同作品の評価は、「棄老（姥捨て）」という習俗を通じて、古い日本人の心が描かれているとされた点にあった。いまも評価のポイントはあまり変わらないのではないだろうか。三島由紀夫や正宗白鳥らもその点を評価した。そうした受け止められ方をした作品だった。

しかし、「棄老」の習俗が日本にあったかというと、現在のところ、確認できない。昔話や伝説のなかにしか見られない、伝承上の習俗である。作品としての評価はともかくも、「楢山節考」をもって、日本人の心性に迫ろうとするのは無理であろう。

わたしは、椀貸し伝説を沈黙交易と結びつけるのは、比喩的な意味でのみ可能だと思う。

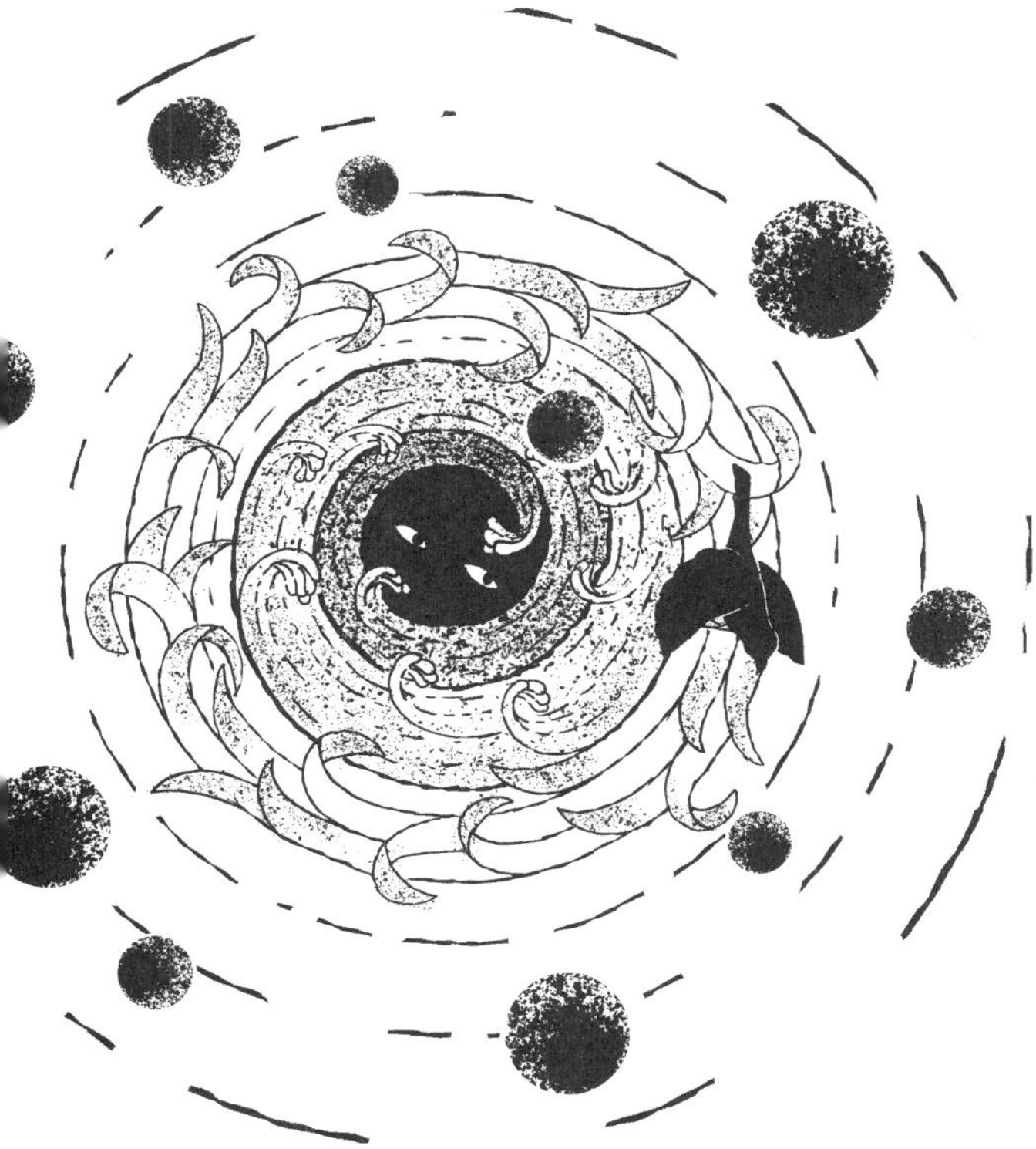

# 第四章 ヌシの種類

# 水棲生物のヌシ――蛇、魚、蟹など

ヌシの種類については、まずその棲みかによる分類が可能であろう。しかし、すでに述べたように、河川沼沢に潜む水棲のヌシが圧倒的に多く、次いで深山幽谷に潜む陸棲のヌシ、そして、古城廃屋に棲むヌシと続く。そのほかはバリエーションに乏しい。それでこの章では、生物の種類からヌシの分類をしてみたい。まずは水棲のヌシから。

ヌシの種類ということでいえば、きわだって多いのが蛇と龍である。信用できるデータがないので正確なところはわからないが、わたしの調べた感触では、全体の七～八割を占めると思われる。とくに蛇のヌシは多い。身体的特徴としては、並外れた巨体の大蛇がもっとも多いが、ほかにも、角や耳があったり、白や金の体色をしていたり、極端に小さかったり、身体の一部が欠損していたりする場合もある。蛇は、山のヌシや、家屋や蔵のヌシであることも多い。一方、龍が山や家屋・蔵のヌシになった例はなく、相違が見られる。

蛇に次いで多いのが鰻である。細長い体が蛇に似るからだろう。和歌山県東牟婁郡本宮町（現在の田辺市）の伝承では、滝のヌシは鰻であるとも蛇であるともしている。[※1] 身体的な特徴としては、大きいのはもちろんのこと、耳があったり、腹が赤かったり、片目だったりする鰻がヌシだという。鰻の夢を吉夢だとする俗信もあるが、[※2]蛇の伝承と鰻の伝承は相通ずる。宮城県本吉郡本吉町（現在の気仙沼市）には、雄の鰻のヌシがべつの場所に棲む雌の鰻のもとに通う話も伝わっていて、第六章で述べるヌシの社会の存在を思わせる。[※3]鰻は古くから信仰の対象にもなっている。東北地方のウンナン信仰や虚空蔵《こくぞう》信仰などである。

　魚類のヌシのなかで、鰻と同様に特異な位置を占めているのは、鯉である。古来、鯉は滝登りをして龍に変ずるとされてきた。とくに体色の美しい緋鯉がヌシになりやすい。群馬県北群馬郡榛東村には、榛名湖のヌシの大蛇が天に昇ったとき、緋鯉のヌシを残していったという伝承がある（ヌシの昇天については、第五章参照）。[※4]また、蛇や鰻と関連のある話もある。先に例をあげた本吉町には、ヌシの鰻がべつの池のヌシの鯉のもとに通ったという話が伝わっているし、[※5]秋田県平鹿郡山内村（現在の横手市）には、鯉のヌシが棲む沼の水を流し出してしまったところ、そこにいた鯉がすべて蛇になったという話がある。[※6]鯉が高く跳ねると雨が降るという俗信も、水神としての性格をよく表している。[※7]

「新形三十六怪撰　鬼若丸、池中に鯉魚を窺ふ図」（国立国会図書館蔵）

また、鯰をヌシとする例も多い。鯉と同じように髭が生えているからであろう……というのは、あながち冗談ではなく、形態の類似が伝承の類似を招くこともある。両雄が並び立った例もあって、青森県西津軽郡車力村（現在のつがる市）では、沼のヌシが巨大な鯉や鯰であるという(※8)。千葉県安房郡富浦町（現在の南房総市）の枡ヶ池のヌシは髭の生えた鰻だというが、鯰と混淆したものか(※9)。また、鯰には、震災を引き起こす「地震鯰」の伝承もあるため、そちらからの影響も考慮すべきかもしれない。宮城県柴田郡柴田町には、沼の水を掻き出したところ、大鯰が現れて堤を壊したという話が伝わっている(※10)。震災は時として水害を引き起こす。

　蟹もヌシになる。静岡県伊豆市の青葉の滝には、男が釣りをしようと大岩に上ったら、岩ではなく蟹だったという話が伝わっている(※11)。同じ静岡の賀茂郡西伊豆町の滝にも一丈（約三メートル）の甲羅の大蟹のヌシがいて、しばしば稲取海岸まで海水浴に行ったのだとか(※12)。また、蟹は田の神の乗り物だから殺してはならぬという俗信も各地にある(※13)。こうした蟹のヌシたちは鰻や蛇のライバルとなることが多く、しばしば争いを起こしている（第七章参照）。蟹が陸に上がると雨が降る、さらには洪水になるという俗信もあるが、和歌山県西牟婁郡大塔村（現在の田辺市）には、池のヌシの大蟹がある人の夢枕に立ち、地域の安全を約束した話が伝わっている(※14)。このように蟹には水神としての性格がある一方で、蟹が家屋のヌシになった例もあり、昔話「蟹問答」で、夜な夜な、荒れ寺に現れる謎かけ妖怪の正体が大蟹だったという展開になる。

亀のヌシも多い。長寿の象徴である亀は、そもそもヌシ化する要素がある。ことに甲羅に藻が生えた緑毛《りょくもう》亀《き》（蓑亀）は縁起物とされ、古来、絵画の題材になった（甲羅の後方に、尻尾のように藻が描かれる）。例によって巨体で、亀石や亀岩の由来譚となることが多い。一風変わっているのは、愛知県南設楽郡鳳来町（現在の新城市）に伝わる話で、夜道を歩いていた男が、頭の禿げた童子に話しかけられ、亀淵まで一緒に歩いたという。（※15）童子の正体は明かされていないが、亀のヌシだろう。また、緑毛亀を竜宮城の使いとする伝承もある。ただし、その代表例である「浦島太郎」の話が現行のかたちになったのは近代以降なので、注意が必要である。（※16）

そのほか、魚類では山女《やまめ》や岩魚《いわな》、鮎などがヌシになるし、貝類（淡水性ならば田螺《たにし》、海水性ならば鮑《あわび》や帆立、蛤など）や、蛙、蜥蜴《とかげ》、山椒魚のヌシ、海ならば蛸や鮫のヌシの例などがある。河童のヌシも多い。特筆すべきは、東北地方に伝わる「鮭の大助《おおすけ》」の話である。

鮭の大助には、魚族の王の風格がある。わたしはこの話を、山形県東田川郡朝日村（現在の鶴岡市）で古老から聞いた。（※17）川を遡上するとき、「鮭の大助、いま上る」とか「大助小《こ》助《すけ》、いま上る」と大声をあげ、それを聞いた者は三日以内に命を落とす、だからその日は餅をついて大騒ぎをして、聞かないようにしたという（これを「耳塞《みみふた》ぎ餅」という）。秋田県大仙市には、誤って大助を食べた人が代々祟られたという話がある一方で、[※18]山形県最上郡最上町には、大鷲にさらわれた人が大助の背に乗って帰還したという話もある。[※19]特定の場所を占有しているのをヌシの条件とするならば、鮭の大助をヌシとは言いかねる。しかしその一方で、移動するヌシの姿と捉えることもできる。それは巡行する神の姿であった。

## 虫類のヌシ——蜘蛛

というわけで、蛇を筆頭に水棲生物のヌシたちの例をあげてみた……ん？　どこからか声が聞こえる——「蛇のどこが水棲生物なのか？」と。たしかに蛇は泳ぎが上手い。子どものころ、水面から頭を出して川を泳ぐアオダイショウを見たことがあるが、陸上にいるときよりも俊敏だった。ミズヘビのように半水棲の種もあるし、同科のヒゲミズヘビのように完全水棲の種もある。ウミヘビのように海生に適応した種もある。しかし、だからといって、蛇を水棲生物とはいえない。日本にミズヘビはいなかったし、ウミヘビはあまりヌシにならない。

ここでいう「水棲」とはあくまでも伝承上の生態である。その延長線上に、蛇のヌシがいる。鳥獣魚虫をめぐる伝承は、実際の生態と、伝承上のそれとが混然一体となっている。

次に取り上げるのは、水のヌシとしての蜘蛛だ。これも全国的に報告例が多いが、実際の生態とは合わない。たしかにミズグモという水棲の蜘蛛や水辺を好む蜘蛛もいるが、水棲昆虫なら、タガメ、ゲンゴロウ、ミズカマキリ、アメンボ、ミズスマシなど、いくらでもいる。それらを差し置いて、なぜ蜘蛛が水のヌシになったのか。伝承に即して考えてみよう。

蜘蛛のヌシの話といえば、「賢淵《かしこ》」（「蜘蛛淵」、「水蜘蛛」ともいう）と呼ばれる昔話・伝説があげられる。だいたい、こんな内容だ。

**むかし、ある男が淵で釣りをしていると、水の中から、小さな蜘蛛が一匹出てきた。蜘蛛は男の足に糸を巻きつけて、水の中に戻っていった。何だろう？と思っていると、また、蜘蛛が水中から出てきて、足に糸を巻きつける。それを延々とくり返すので、男もうるさく思い、糸を足から外して、近くにある切り株に巻きつけた。すると、突然、ものすごい力で糸が引っ張られ、切り株は水中に引き込まれていた。もし足に巻きつけたままであったなら、引きずり込まれていただろう。あぜんとしている男の背**

後から「賢い！　賢い！」という叫び声とともに、笑い声が聞こえてきた。

背後から聞こえてきた謎の声の正体が明かされないところに、人知の及ばぬ世界が垣間見られる。人間よりも優位に立って「賢い」と言っているのだから、神の言葉なのだろう。

全国の賢淵伝説のなかで、明確に蜘蛛を水のヌシだと言っているのは、宮城県仙台市の話[※20]、福島県東白川郡塙町の話[※21]、千葉県富津市の話[※22]、神奈川県相模原市の話[※23]、愛知県北設楽郡東栄町の話[※24]、鳥取県東伯郡三朝村（現在の三朝町）の話[※25]などである。このうち、神奈川県の話では川のヌシの化けたものが蜘蛛であるとし、愛知の話では、蛇と蜘蛛がコンビで出ている。鳥取の話では、蜘蛛のヌシが蛙になっている。なお、蜘蛛と蛇がコンビで水のヌシだという伝説は、岩手県岩手郡雫石町や[※26]、岡山県川上郡備中町（現在の高梁市）[※27]にもある。

一連の話から浮かび上がってくるのは、蜘蛛と水、そして蛇の浅からぬ縁である。高知県香美郡物部村（現在の香美市）に伝わる賢淵の話では、魚を釣りすぎた男が、水から出てきた蜘蛛のヌシに罰を受けている[※28]。全国に伝わる、蜘蛛が巣を張ると雨が降るとか、蜘蛛が低い位置に巣を張ると嵐が来るといった俗信も、蜘蛛の水神としての性格をよく表している[※29]。

注意深く話を見ていくと、蜘蛛そのものがヌシである場合と、ヌシの使いが蜘蛛である場合があることに気づく。徳島県の祖谷山地方の伝説では、水中から聞こえてきた「引け」という声のあとに、蜘蛛が糸を引いている。[※30]この話の蜘蛛はヌシではなく、ヌシの使いである。神に先駆けて姿を現すこうした存在を「ミサキ（御先）」と呼ぶ。

　ここで注目すべきは、糸を吐くという蜘蛛の特性である。この特性と、全国に多い河川沼沢のヌシが水底《みなそこ》で機《はた》を織る音を響かせるという機織り淵伝説を重ね合わせると、蜘蛛が水のヌシになった理由が見えてくる。糸というキーワードで蜘蛛と機織りとが結びつき、淵のヌシが機を織ることから、蜘蛛が水のヌシと化したのだ。さらには蜘蛛と蛇、そして女性もが結びついた。

　これらの伝承では、姿を見せていないケー

静岡県浜松市にある機織淵の滝（滝の引力ホームページより、深沢章宏氏撮影）

スでも、ヌシの名は「機織り姫（織姫）」、「機織り御前」などとなっている。なかには、姿が見える場合もあり、福島県双葉郡川内村の伝承では、天気の良い日には、淵の底で機織りをしている美女が見えるという。[※31] ジョロウグモ（絡新婦・女郎蜘蛛）という蜘蛛の名もこうした伝承に由来するのだろう。静岡県田方郡天城湯ヶ島町（現在の伊豆市）に伝わる賢淵伝説では、浄蓮の滝のヌシがジョロウグモだとしている。[※32]

だから、蛇と機織りも結びつく。石川県鳳至郡門前町（現在の輪島市）の蛇池は一名を機池ともいい、蛇のヌシの話と機織りの音がセットになって語られている。[※33] 静岡県安倍郡井川村（現在の静岡市）の伝承では、音の正体が機織り姫か、それとも蛇かという展開になっている。[※34]

昔話や伝説、神話には機を織る女性の話が多い。かつて機織りが、少女が大人の女性になるための条件だったからだ。それは男子が武勇を身につけて大人になるのと対称的である。だから、桃から生まれた桃太郎は鬼退治に行き、瓜から生まれた瓜子姫は機を織るのだ。龍・蛇と女性と機織りの取り合わせは世界的に見られ、この点については、篠田知和基が考察している。[※35] また、日本の伝説における「水底で機を織る女性」のモチーフについては、吉田裕美の論考にくわしい。[※36]

また、声が聞こえてくる——「糸を吐く虫なら蚕《かいこ》もいるじゃないか。なぜ、蚕は水のヌシにならないのか?」と。この手の問いに答えるのは難しい。伝承が生成した理由は説明できても、生成しなかった理由はなかなか説明できない。無理に答えを出すのなら、蚕は完全家畜化された珍しい生物で、野生では生きられないからではなかろうか。蚕は人間界に完全に組み込まれている。人間と対峙してテリトリーを作るヌシにはなりにくいのだ。

## 陸棲動物のヌシ——牛

虫類のヌシといえば、蜘蛛のほかに百足《むかで》がいる。ただ、虫類だから蜘蛛と百足を近い存在と見なすのは現代人の感覚である。大百足は、英雄に退治される存在で(第一章参照)、蛇と百足の俗信も同じものが多い。大百足は、大蛇と互換可能な存在なのである。また、蛇は鰻とも互換可能である。百足=虫類、蛇=爬虫類、鰻=魚類と捉えると、伝承世界のコスモロジーが見えなくなる。しかし、それをふまえたうえで、現在の生物学の分類をヌシ伝承の研究に援用するのは有効な手段である。

哺乳動物のうち、陸棲のヌシ(主に山のヌシ)になるのは、狼、猿(狒々《ひひ》、猩々《しょうじょう》と呼ばれる伝承上の動物をふくむ)あたりだが、水棲のヌシにくらべると例は少ない。狐狸《こり》狢《むじな》や鼬《いたち》、川《かわ》獺《うそ》が人を化かす話は多いし、ことに狐は稲荷信仰では神の使いとされているにもかかわらず、ヌシ化した例が見られないのは、どうしたわけだろう。

思うに、俊敏に動き回る哺乳類はヌシ化しにくいのではないだろうか。第一章で述べたように、ヌシは水や空気の淀んだところを好む。ヌシの力は、その淀みによって形成されるとして過言ではない。この条件は、魚類、両生類、爬虫類にこそ適している。虫類はせわしなく動き回るが、網を張ってじっと獲物が来るのを待つ蜘蛛ならば条件に適っている。

このことは、鳥類のヌシがいないという事実と突き合わせれば、より明白になる。鷲や鷹、梟《ふくろう》などには風格があり、ヌシになってもよさそうなものだが、そうした例はない。長い尾を火の玉に見せかけて人を驚かす山鳥も、ヌシにはならない。山のヌシ、川のヌシはいても、空のヌシがいないのは、開放的な空間にヌシが生まれないからだと思われる。

そう考えると、牛のような鈍重な動物がヌシになるのは納得がいく。悠揚迫らざる態度と、いざとなれば強そうな体躯は、ヌシになる資格十分。全国的に事例が多い牛淵の伝説である。問題は、なぜ牛が水棲のヌシになるのかという点だ。水に棲む哺乳類なら、川獺のほうがふさわしいと思うが、そうした例はない。川獺は人を化かしても、ヌシにはならないのだ。

この点については、人と牛の歴史を考えなければならない。日本人が牛肉を食べるようになったのは明治以降で、牛乳を飲む習慣もなかった。かつて牛はもっぱら農耕用に飼われていた。泥に浸かって水と格闘する姿が、ヌシとしての牛が生まれるきっかけになったのではなかろうか。加えて、大陸の水牛の知識も影響したと思われる。土用の丑の日や七夕に牛に水浴びをさせる習慣や、牛が吼えると雨が降るという俗信もこれに関連するだろう[※37]。

牛鬼《うしおに》という水の妖怪は、江戸の妖怪画では、牛頭に蜘蛛の体という奇怪な姿で描かれる。牛＋蜘蛛でなぜ水の妖怪になるのかということは、ヌシを軸に考えると納得がいく。なお、民間伝承の牛鬼は、姿を見せないことが多い。和歌山県西牟婁郡すさみ町の牛鬼は、水辺に近づく者の影を食べるという。影を食べられた者は必ず死ぬそうだ[※38]。また、人にまとわりつく怪火を牛鬼と呼ぶこともあるが、これが出るのは雨の夜で、やはり水と関連している[※39]。このほかに、愛媛県の祭礼行事に登場する牛鬼（山車《だし》に長首の牛頭が掲げられる）の問題もあり、「牛鬼考」と題して一冊の本が書けそうなほどボリュームのあるテーマである[※40]。

ヌシ化するのは赤牛が多い。もっとも、白黒まだらのホルスタインを見慣れた現代人には奇異に見えるかもしれないが、かつて赤牛は珍しいものではなかった。和牛に褐毛和種というのがあって、これが俗に「赤牛」と呼ばれる。

赤色に呪術性を見出す民族は世界的にいるので、赤牛を神聖視するのは、そう説明困難ではない。日本では疱瘡《ほうそう》除けの効力があるとされ、子どもの玩具にも赤色が用いられた。会津地方の郷土玩具「赤べこ」もそのひとつだが、これも赤牛の伝承に拠っている。福島県河沼郡柳津町の円蔵寺の虚空蔵堂を建立する際、只見川から材木を運搬するのに難儀していたところ、どこからともなく、赤牛が現れて手伝ったという[※41]。

また、静岡県伊東市には、池という地名がある。その名のとおり、かつて池だった場所で、こんな話が伝わっている[※42]――むかし、この地に荒れ寺があり、化け物が出て、そこに泊まる旅の僧を喰っていた。噂を聞いた和泉守良孝が寺に泊まると、夜中に、牛の吼え声がする。良孝が「獣では話ができん。人の姿になって来い」というと、十六歳ぐらいの娘が現れ、「わたしはこの池のヌシです。仏心を知りたくて、お寺に来たお坊さんたちに教えを乞うたのですが、わたしに危害を加えようとしたので、やむなく殺していました」と言う。それで、良孝が読経をすると、娘はお礼を言って姿を消した。この寺が現在の龍渓

『化物尽絵巻』より「牛鬼」（国際日本文化研究センター蔵）

院になったという。仏教説話でいう龍女成仏譚（龍女ではなくて、牛女か）である。

伊東市には、吉田池の赤牛の伝説もある。[※43] 静岡で赤牛の伝説があるのは、ほかに伊豆市、[※44] 沼津市[※45]があり、それぞれ万城の滝のヌシ、真城《さなぎ》池のヌシとなっている。山梨県北巨摩郡小渕沢村（現在の北杜市）の話[※46]と、同じく山梨の中巨摩郡八田村（現在の南アルプス市）の話は、椀貸し伝説（第三章参照）と結びついており、雨乞いも叶えたという。[※47] 新潟県三島郡大積村（現在の長岡市）のヌシも赤牛で、そのせいか、池の名前も赤池となっている。[※48] 長野県北安曇郡小谷村の伝承では、池のヌシが追放される際、赤牛の正体を現している。[※49]

山形県西村山郡西山村（現在の西川町）に伝わる話では、尻無沢の沼のヌシの大蛇が退治された際に、牛の首に変じて宙を舞ったという。[※50] 珍しい例だが、ヌシ伝承の進展とともに、まったく異なる蛇と牛という二種の動物が結びついたわけである。静岡県田方郡戸田村（現在の沼津市）には、池のほとりで寝ていた赤牛を殺したところ、正体は大蛇だった（大蛇が赤牛に化けていた）という話もある。[※51]

だから、牛は治水とも関連づけられた。山梨県甲斐市にある信玄堤は前近代の治水システムの例として知られ、そこに置かれた治水構造物を「聖牛《せいぎゅう》」と言った。形状が牛に似ていることからの命名というが、やはり牛が水を司《つかさど》る動物だからであろう。

## ヌシへの供物《くもつ》――馬と、人間体のヌシ

牛が、その家畜としての特性から水のヌシ化したことは、いろいろと示唆的である。人間と動物の関わりを考えるうえで避けられないのが、経済動物（家畜）と、愛玩動物（ペット）のことである。野生動物が自然の象徴ならば、経済動物と愛玩動物は人間に取り込まれた自然ということになる。ヌシ伝承の視点から両者を考えると、どうなるか。

愛玩動物がヌシ化しない理由は容易に説明できる。愛玩の対象になるという時点で、すでに人間より下位に置かれているからだ。ヌシたるもの、人間より上位か、少なくとも同等でなければならない。だから、愛玩動物の王様である犬と猫が（両者で、ペット全体の半数以上を占める）ヌシ化した例はない。犬の祖先である狼がつねに人間より上位にあって崇拝される存在であり、ヌシ化することがあるのを念頭に置くと、その違いがわかりやすい。猫も魔性を現すことがあるが、ヌシ化した例が少ないのは、外来生物であり、野生種が少ないからであろう。猫の怪談は、人間の生活圏が舞台になっている場合が多い。

では、経済動物とヌシの関係はどうだろうか。牛以外の経済動物について考えてみる。先祖である猪はヌシになることもあるが、豚がヌシにならないのは、完全に家畜化され

たからだろう。羊や山羊がヌシにならないのは、日本に入って日が浅いからだと思われる。そのせいか、本土には、豚や羊、山羊の妖怪もいない。動物の家畜化とヌシ化・妖怪化には関連がありそうだ。なお、沖縄県では古くから家畜化されていたからか、豚や山羊の妖怪がいる。鶏のヌシも聞かないが、これはそもそも鳥類がヌシになりにくいからだろう。ただ、鶏の妖怪ならいる。昔話「化け物寺」に登場するイッソクケイ（一足鶏）、ケイサンゾク（鶏三足）などだ。

問題になるのは、馬についてである。古くから牛と並んで経済動物とされてきた馬だが、ヌシをめぐる伝承の様相はよほど異なっている。端的にいって、牛はヌシになるが、馬はならない。ところが、馬の妖怪は例が多い。夜道を歩いているといきなり目の前に馬の首がぶら下がるサガリ、昔話「化け物寺」に登場するバコツ（馬骨）やバトウ（馬頭）、全国的に報告例のあるクビキレウマ（首切れ馬）・クビナシウマ（首なし馬）などだ。馬の妖怪には、首だけ、もしくは首なしのものが多い。どういうわけだろうか。

以下は想像説になってしまうが、馬がヌシ化しないのは、神への供物だったからではないだろうか。「神馬《しんめ》」といって、神に馬を奉納する習慣は古くからある。馬は神の乗り物だからだ。生きた馬の奉納は負担が大きいので、やがて馬の絵で代替する「絵馬」の習慣が生まれた。馬の像を奉納する場合もある。ヌシには神の面影があるため、供物として馬を欲した。この点については、石田英一郎が詳細に論じている[※52]。雨乞いのとき、ヌシの棲みかに汚れ物を投ずる習慣があることは第三章で述べたが、その際、馬の首を投げ込む場合がある。青森県下北郡東通村の伝承では、猿ヶ森の沼に、馬の頭骨を投げ込むとある[※53]。馬の妖怪が頭だけ、もしくは頭がないことの背景には、こうした理由があると思われる。

　ヌシに魅入られた馬が、水中に引き込まれた話は全国にあり、馬淵という地名もこれに由来する。たとえば、新潟県佐渡市には、加茂湖の水神（一つ目だという）が、馬に乗って戯れていたという話が伝わっている[※54]。この例では「水神」とあるが、ヌシと馬の関係が偲ばれる話だ。長野県長野市の戸隠山には、池のヌシに魅入られた馬が、みずから水中に飛び込んだ話がある。その後、水面に金色の鞍が浮かび上がり、以来、この池は鞍池と呼ばれるようになった[※55]。新潟県新潟市の話でも、馬がみずから池に入り、馬は助かったが、乗っていた人が溺死している。なぜ馬が水に入ったのかというと、ヌシに魅入られたのだろう[※56]。

　魅入られて水界に入った牝馬が、ヌシの子どもを孕むことがある。とくに龍のヌシと交わった馬が名馬（「龍馬」とも呼ばれる）を生む。茨城県高萩市の名馬里ヶ淵の地名は、この伝説に由来するという[※57]。人間の女性がヌシと交わって、異形の子を産む話に通ずる。馬とともに人が水中に没したという話では犠牲になるのは若い女性が多く、それはやはり神への供物、いけにえとして意味があったのだろう。

長野県北佐久郡伍賀村（現在の御代田町、軽井沢町）には、淵を通りかかった花嫁が、乗っていた白馬もろとも、水中に消えた話がある。（※58）やはり馬みずから淵に入ったのである。その後も、白馬が淵に飛び込むことがあった。村人は「淵のヌシが白馬を引き込んだんだ」と噂したという。神馬には、白馬が選ばれることが多い。以来、この淵を「白馬ヶ淵」と呼ぶようになった。兵庫県美方郡浜坂町（現在の新温泉町）の話では、花嫁ではなく、お姫さまが白馬とともに淵に沈み、やはり「白馬淵」の由来となっている。（※59）

余談だが、西欧の水怪・ケルピーは馬の姿をしていて、ヌシ的な立ち位置の話もある。日本の例と重なりそうで重ならず、比較してみたら面白いだろう。

以上、ヌシの種類について駆け足で見てきたが、扱いに悩むのは、人間体のヌシである。動物のヌシが人間の姿に変身する話は第八章で、人間が動物の姿のヌシになる話は第九章で取り上げるが、話の最初から最後まで人間の姿でいるヌシもいる。たとえば、静岡県伊豆市に伝わる「金の斧銀の斧」の話のヌシは女性の姿だ。（※60）福島県相馬市には水底にヌシの姿が見えるという機織り淵の伝説があるが、このヌシも女性。（※61）人間体のヌシは女性が多い。

この点については今後の課題としたいが、私は仏教説話の「龍女成仏」がひとつのヒントになると考えている。（※62）仏教で成仏しにくいとされる女性は、しばしば龍や蛇になぞらえられ、かつ池や湖に潜んでいるものとされていた。ヌシが僧侶の読経によって成仏する話、そして退治される話は、この観念にもとづいているのだろう。

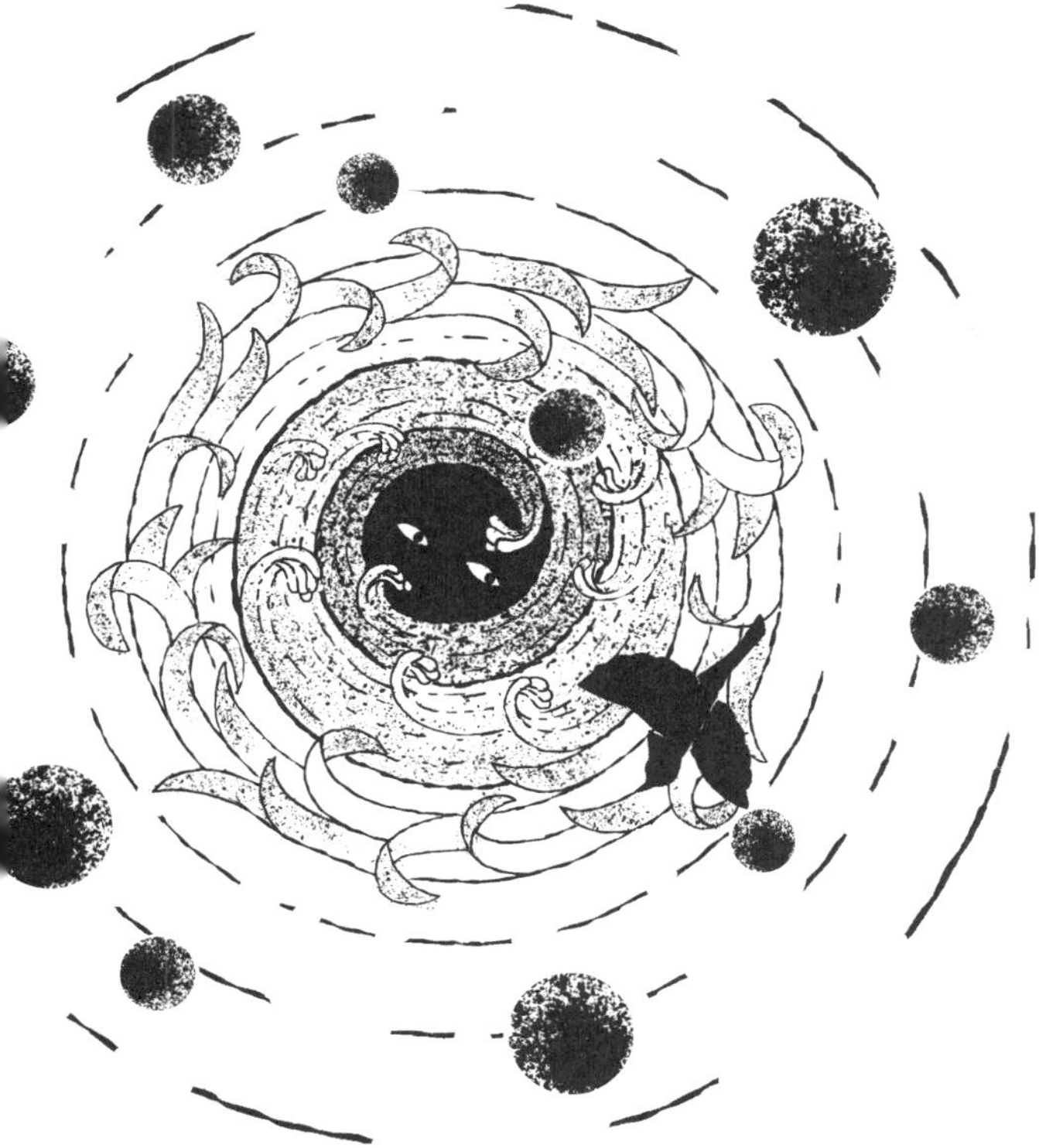

第五章

# ヌシの行動学

# 人を襲う・テリトリーを作る

ここでヌシの行動をおさらいしたい。ヌシには、どのような行動パターンがあるのか。「動物行動学」ならぬ「ヌシ行動学」である。

誰もが思い浮かべるのは「人を襲う」ことだろう。ヌシの棲んでいる池や淵に入った者や近づいた者が、水中に引きずり込まれたといった話は枚挙にいとまがない。

次に紹介するのは、江戸時代に、黒川道祐という医師が書いた『雍州府志』（一七世紀後半）に載る話の要約。京都府葛野郡（現在の京都市）の池のヌシだ。(※1)

> むかし、旧道の東北にある大きな池の底に、一匹の大亀が棲んでいた。この大亀は、水面に帯を浮かべて人が通りかかるのを待っていて、その美しさに惹かれてこれを取ろうとする人を、水中に引きずり込んで殺していた。
>
> ある人が、この害を取り除こうとしてよく見ると、それは帯ではなくて、一片の浮草だった。以来、この池は「帯取池」と呼ばれるようになったという。

この話の池と同じかどうかはわからないが、帯取池という池は京都市右京区に現存する。「浮草を帯に見せかけて人をおびき寄せる」というのが風流で、文人の心を動かしたのだろう、岡本綺堂や三島由紀夫も帯取池をモチーフにした作品を書いている。[※2]

これと似た話が、広島県高田郡白木町（現在の広島市）の魚切の滝にもある。[※3] ここに棲むエンコウ（水の妖怪。河童のようなもの）が、女の簪《かんざし》を水面に浮かべて見せ、これを取ろうとした人を水中に引き込んだという。結局、上野介という剛力の勇者に退治されてしまうのだが、そのとき、引き上げられまいと踏ん張ったエンコウが岩につけた跡が、いまでも残っているのだとか。

奈良県宇智郡南阿太村（現在の五條市）の例

魚切渓谷の滝（広島県提供）

では、大蛇が簪に化けて拾わせ、洗濯に来た娘を水中に引きずり込んでいる。娘が簪を頭に挿したとたん、大蛇の姿になったのだという。以来、この池を姫谷池と称するようになった。また、同郡五條町（現在の五條市）の廻り淵のヌシは櫛に化けて近づく者を水中に引き込んだという。[※4]

これらの話のヌシたちは、水面にわなを仕掛けておいて、じっと獲物が引っかかるのを待っている。ワニを思わせる待ち伏せ型の狩猟法である。動物の生態の反映とも受け取れるが、おそらく、釣りからの連想であろう。人がヌシに釣られるのだ。ただ、人を釣るエサが帯だとか簪だとかという証言が残っているというのは、ヌシのたくらみが失敗して生還した人がいるからでもある。

三重県度会郡四郷村（現在の伊勢市）には、近くを通った者を水中に引きずり込む「池の魔」が棲むと噂される池があった。戦前の話だが、どう考えても身投げなどする理由のない人がみずから池に入って溺死した。地元の人は、この池には「ヌシが棲んでいる」とか「魔がさしたのだ」とか話していたという。[※5]死人に口なしで真相はわからないが、池に引きずり込まれた人たちも、帯とか簪とかを見せられていたのかもしれない。

このように、ヌシたちは人を襲い、容赦なく命を奪う。その一方で、ヌシたちは水辺から離れない。ならば、ヌシが棲むとされる池や沼に近づかなければいいということになる。

岩手県気仙郡高田町（現在の陸前高田市）の袋沢にある沼にもヌシ（龍）が棲んでいて、毎晩、女に化けて、沼のほとりの藤の木の下で機を織っていたそうだ。この機織りの音を聴いた人には幸福がもたらされるが、その姿を見た者には災いが降りかかるという。[※6] ヌシの両義性（ある物事が、相反するふたつの性質を持っていること）をよく示した話だ。原文を引用すると、「日暮れごろに沼のあたりを通る人びとは、みな目を伏せて、地面ばかり見ながら、そそくさと大急ぎで通り抜け」たのだという。

ヌシは恐ろしい存在ではあるが、その棲みかにさえ近づかなければ無害である。ヌシが一方的に人の住む場所に侵入してきて暴れることはまずない。これは柳田國男が定義した妖怪と似ている。柳田は、妖怪は特定の場所にのみ出現して、人のほうから近づかなければ危害を加えることはないと説いており、これが水木しげるの妖怪観の基礎になった（第二章参照）。現在の妖怪研究では否定されがちな定義だが、こと、ヌシに関していえば、おおむね当てはまる。もっとも、第二章で述べたように、ヌシを妖怪と捉えてよいかは一考を要する問題だが[※7]。

要するに、ヌシはテリトリーを作るのだ。ここからここまでは自分たちの領域、ここから向こうは人の領域と定めておいて、そのテリトリーに入ったり、近づいたりした人間には襲いかかるが、そうでない人は襲わない。ヌシが人を襲うのは、食用にするというより、生息域を守るためであることが多い。それは第二章で書いた夜刀神の昔から同じである。

だから、ヌシの棲む場所には近づかないのがベストな対処法である。兵庫県美方郡村岡町（現在の香美町）の春来峠の登り口にある池には龍が棲んでいて、だれも近づかなかったという。知らずに近づいた旅人は、龍の姿を見て、恐ろしさのあまりに絶命したのだとか（※8）。ヌシは基本的に人に姿を見せない。人がヌシの姿を見るのは、命の危険が迫ったときだ。

だいたい、ヌシと人のトラブルは、人がテリトリーに侵入したときに起こる。『粟の落穂』（江戸時代後期）には、阿波の国板野郡堀江村（現在の徳島県鳴門市）のくばらが池のヌシ（大蛇）の話が載っている（※9）。城主の姫田某は、この池の付近を狩倉《かりくら》（武士が狩猟場とした野山。軍事訓練の場でもあった）としていたが、しばしば、大蛇を見かけるので矢を射った。矢は命中し、大蛇は毒気を吐きながら山のほうに逃げていき、やがて息絶えた。その毒気に当たった姫田某もまた命を落とした。この山にはいまでも毒気が残り、草木の一本も生えないという。人、ヌシ、双方にとって不幸な結末を迎えた例である。

# 人に祟る

「人に祟る」のも、ヌシの代表的な行動である。「人を襲う」というのは文字どおり物理的な力によって人に襲いかかるのであって、それはヌシでなくても、獰猛な動物ならばありうることである。「祟る」はそうではない。超常的な力によって、人を攻撃するのである。といっても、「人を攻撃する」という点では同じで、両者を区別するのは、わたしたちが現代の常識のなかにいるからなのだが。

祟り方にもいろいろあるが、高熱が出るのは、その代表例といえる。たとえば、石川県鳳至郡門前町（現在の輪島市）の話では、池のヌシに憑かれた人が、高熱を出している。(※10)大蛇を見た人が高熱にうなされるという伝承は各地にあり、それと同根の伝承と思われる。

では、「祟る」理由は何だろうか。わたしが見たところ、大ざっぱに次の三種に分けられそうである。なお、以下の理由は「襲う」にも、概ね当てはまる。

祟る理由の一は、ヌシのテリトリーへの侵入である。先に述べたように、ヌシはテリトリーを作る。そこに意図的に侵入した場合はてきめんに祟られるが、知らずに足を踏み入れてしまった場合でも、ヌシは容赦なく祟る。

高知県幡多郡西土佐村（現在の四万十市）にはこんな話が伝わっている[※11]――むかし、ある猟師が大きな猪を仕留めたが、重すぎてひとりでは運べない。そこで仲間を呼ぶことにして、その猪の骸《むくろ》を大蛇が棲む蛇淵という淵の端に置いて、いったん村に戻った。そして、仲間とともに戻ってくると、大蛇がその猪を呑み込んでいるところだった。怒った猟師は、鍛冶屋から金屑を拾ってきて淵に撒いた（水の妖怪は金気《かなけ》を嫌う）。見る間に淵の水は沸き上がり、大雨大風に雷鳴、ついには山崩れまで起こり、猟師もろともその集落を押し流してしまった。以来、この土地は「鍛冶ヶ野」と呼ばれるようになったという。

山のヌシにも同じ例がある。徳島県美馬郡一宇村（現在のつるぎ町）の話で、猟師が鹿や猪を追っていたというのは先の話と同じだが、深山で遭ったのが美しい女だったという点が違っている。山女郎《やまじょろう》（山に出る女の妖怪）だったという。その後の展開は二通りあって、一宇村の話では猟師がこの女を撃ち殺しているが[※12]、海部郡海南町（現在の海陽町）では、逆に、猟師が祟られて死んでいる[※13]。

祟る理由の二は、乱獲、もしくは、獲ってはならない大物を獲ってしまったからというものだ。大物というのは、もちろんヌシのこと。

和歌山県東牟婁郡本宮町（現在の田辺市）の平治川の滝には大鰻が棲んでいたが、獲ることは禁じられていた。むかし、ある男がその禁を破って鰻を獲ろうとしたところ、本人だ

けでなく、妻と五人の子どもまで死んでしまったという。(※14)
また、神奈川県津久井郡城山町（現在の相模原市）には、オトボウ淵という場所がある。むかし、音坊という人がこの淵で大鰻を釣り上げたが、あまりに大きすぎて運べない。それで鰻の首を切って運ぼうとしたところ、淵に落ちて死んでしまったという。(※15)

　オトボウ淵という淵にまつわる話は各地にあり、例外なくヌシと関連している。オトボウという言葉の由来は定かではない。同じ神奈川県の愛甲郡清川村にあるオトボウガ淵の由来譚では、ヌシの名前がオトボウとなっている。むかし、ある老人が大魚を釣り上げて帰ろうとすると、淵のほうから、「オトボウよ、オトボウよ、テンゴウボウが連れていかれるぞい」と声がした。老人は腰を抜かして、大魚を淵に返したという。(※16)オトボウもテンゴウボウもヌシの名前らしい。

　ほかに、静岡県周智郡水窪町（現在の浜松市）(※17)、長野県下伊那郡下條村(※18)にもオトボウ淵の話があり、また、群馬県前橋市(※19)にもオトボウナマズの話がある。このうち、静岡の話は、椀貸し伝説（第三章参照）となっている。

　オトボウ淵の話と関連がありそうなのが、いわゆる「置いてけ堀」の話である。この堀で釣りをした者が、釣果を魚籠《びく》に入れて帰ろうとすると、堀の底から「おいてけ〜、おいてけ〜」と声がするのだとか。江戸の本所七不思議のひとつだが、類話は埼玉県川越市にもある。(※20) 柳田は、声の正体はヌシではないかと推察している。(※21) この話の場合、ヌシそのものが釣られたわけではない。おそらく、ヌシは魚族の王として、乱獲を諫《いさ》めたのだろう。

祟る理由の三は、ヌシの棲みかの破壊である。破壊の理由はさまざまだ。

たとえば、和歌山県西牟婁郡上富田町の梅田は、もともと大きな淵があったところを「埋めた」から「梅田」という地名になったのだという。伝説によると、その淵にはヌシの大蛇が棲んでいて、たびたび、人身御供を要求するので、たまらなくなった村人たちが埋めたのだそうだ。もちろん、そんなことをしてただで済むはずがなく、埋め立て作業をしていた若い衆たちが、次々と病気になった。結局、ひとりの英雄が現れ、大蛇を退治した。(※22)

こんな話もある。長野県須坂市上町にある琵琶池の由来。(※23) この池のほとりで、ひとりの盲人が琵琶を弾いていると、池のヌシの龍が現れ、こう告げた――「近くの村の者たちが、水をくみすぎて困っている。これから懲らしめるために洪水を起こすが、お前の琵琶の音があまりにきれいなので聴きほれていた。このこと、村人に言うんじゃないぞ」。暗に、この盲人を逃がそうとしたのだろう。しかし、盲人は村人たちにこのことを話し、自分の命と引き換えに、村人たちを救った。以来、この池を琵琶池と呼ぶようになった。この話では、棲みか全体が破壊されようとしたわけではないが、ヌシは未然にそれを防ごうとしている。

# 毒を吐く・昇天する・修行する

ヌシの行動のなかで、こんにちのわれわれから見て「襲う」と「祟る」の中間にあるのが「毒を吐く」である。と書くと、毒蛇の生態を大げさにしただけのように思われるかもしれないが、そうとばかりは言えない。たしかに蛇類には毒を持つものが多いが、南西諸島のハブを除けば、日本産の蛇で人を殺傷するほどの毒を持つものはいないのだ。マムシやヤマカガシにも毒はあるが、人を襲うことは少ない。

　また、ヌシの毒が、噛みつきによって効力を発することが少ない点にも注目すべきである。先のくばらが池のヌシのように、噛みつくのではなく、毒気を吐くことによって相手を倒すことのほうが多い。だから「毒気に当たる」ともいうが、こうした習性をもつ蛇は日本にはいない（アフリカにはリンカルスという蛇がいて、ほんとうに毒を吐きかけるそうだが、関係なかろう。あるいは、西欧の怪物バジリスクの由来となったか）。毒を吐くのではなくて、ただヌシが通っただけで毒気がしみ込んで、草木が枯れるという話すらある。

　ヌシの猛毒は、あくまでも伝承のなかだけの、想像上のものである。朝鮮半島や中国大陸には実際に猛毒をもつ蛇がいるので、その話が伝わってきたのかもしれない。わたしも台湾東部を旅行していたときに、街中で小さい黒蛇を見つけたので可愛いから近づくと、地元の人に「危ない！」と言われて肩をつかまれ、遠ざけさせられたことがある。鎌首をもたげて威嚇するその蛇はコブラの子どもだった。タイワンコブラは猛毒で、子どもといえども咬まれたら命はないと説明され、ゾッとした覚えがある。

　くり返しになるが、ヌシのほうから人間の住む領域に近づいてくることは少ない。けれども、わけあって、ヌシの側から人間に近寄ってくるケースもある。次に引用するのは、北海道松前郡松前町の話（※24）。

福山徳山大神宮の本殿横に、何百年もたった大きな桂の木があります。昔、この宮に別当白鳥某という人がいました。ある夜、この人の枕元に一人の白髪の翁が現われたのです。

「わたしは、このバッコ沢の奥に住んでいる大蛇です。この沢を出て、大海にのり出し、やがては天に昇り、龍になりたいと思っているのですが、この桂の木が大きく、枝が邪魔となって、海に出ることができません。どうかこの木を切ってください。」

　しかし、大蛇が大海に出る時は、雲を呼び、大雨を降らし、大洪水となり、その波にのって出るということです。

別当は、望みどおり、この大蛇を大海に出してやりたいとは思うのですが、そのために、松前の街が大洪水に流されては、これまた困ったこと、そんなことで、この木は今も伐られることなく大きな枝をのばしているのです。

似た話は、福井県坂井郡丸岡町（現在の坂井市）にもある。縁側で女が髪を梳《す》いていると、井戸から蛇が出てきて「髪を下に梳かれると昇天できないので、しばらく止めてくれませんか」と言った。女が言うとおりにすると、蛇は昇天し、お礼に毒消しの方法を教えてくれたそうだ。[※25]

　ヌシの大蛇が昇天して龍になる、もしくはヌシの龍が昇天するという話は多い。芥川龍之介の小説「龍」はこの伝説に想を得ていて、もとになったのは『宇治拾遺物語』に載る話

『芭蕉翁行脚奇談（通名『芭蕉翁行脚怪談袋』）より「龍の昇天」（江東区芭蕉記念館蔵）

である。[※26] ヌシの行動に「昇天する」を付け加えようと思うが、ただし、これはすべてのヌシの特徴ではない。龍や大蛇のヌシにのみ当てはまる。陸棲のヌシ（猿、猪、狼……）には該当しないし、水棲のヌシでも、亀や河童には該当しない。魚類のヌシのなかで、鯉に関しては龍に変ずることがあり（いわゆる「鯉の滝登り」）、その龍が昇天することはありうるだろう。また、貝類のヌシのなかでも、法螺貝は龍に変じて昇天することがあり、江戸時代の『絵本百物語』（桃山人、一八四一年）には、竹原春泉斎という画家が描いた「出世法螺」の挿絵がある。[※27]

　ヌシが昇天する際のエネルギーは凄まじい。例外なく暴風雨が起こり、山が崩れる。「蛇抜け」もしくは「法螺抜け」と呼ばれる現象で、いまでいう土石流のことだ。いまでも長野や岐阜など山深い地方に行くと、地名として残っている。また、大阪府枚方市の光善寺には、龍が昇天した際に剥がれた鱗三枚を埋めた五輪塔がある。[※28] 災害伝承の一種で、このテーマについては、笹本正治や齊藤純による研究がある。[※29]

　しかし、ヌシといえども、簡単には昇天できない。海で千年、山で千年も修行をする必要がある（「海千山千」という語はこれに由来するが、いまでは意味が変わってしまっている）。修行の年限や場所もさまざまで、先の『絵本百物語』では山に三千年、里に三千年、海に三千年で合計九千年となっている。和歌山県西牟婁郡西富田村（現在の白浜町）では海、川、山それぞれ千年ずつで三千年となっている。[※30] いずれにせよ、気の遠くなるような年月だ。一方、徳島県三好郡池田町（現在の三好市）では山、野、里で三年ずつの九年間の短縮バージョンとなっている。[※31]

ヌシが水底に逼塞《ひっそく》しているのにも事情がある。魚族の王として、河川沼沢に棲む一族を護ろうとしている場合もあるが、来たるべき昇天の日を夢見て修行中の場合もあるのだ。ゆえに、ヌシの行動のひとつに「修行する」を加えてみたい。

## 人をさらう・子孫を残す

いつも自分の棲みかに籠っているヌシが、積極的に外界に出てくるのは、女性をさらうときである。選ばれる（魅入られる）のは決まって未婚の美しい娘だ。なぜ、ヌシが女性をさらうのか。じつはヤマタノオロチのように、ヌシが人身御供として差し出された娘を食べる例は少ない。ヌシが女性をさらう理由として多いのは、子孫を生ませるためである。

この話の歴史は古い。日本神話にも、夜な夜な、若い娘――『古事記』ではイクタマヨリビメ（活玉依毘売）、『日本書紀』ではヤマトトトヒモモソヒメ（倭迹迹日百襲姫）――のもとに通う謎の男が三輪山（奈良県桜井市）の神だった、という説話がある（三輪山神婚説話）。その際に、正体を突き止めるため、男の服に糸を縫いつけ、それを辿っていくというモチーフがある。三輪山の神・オオモノヌシ（大物主）は蛇神である。

こうした話を、伝承文学研究では異類婚姻譚と呼んでいる。「異類」とは人ならざるモノのことで、神・妖怪・動物などがそうだ。異類の男性×人間の女性ならば「異類聟《むこ》」、異類の女性×人間の男性ならば「異類女房」という。本義は、神と人との婚姻を説くことにあったと思われるが、次第に信仰を失って、妖怪や動物との婚姻を説く話となった。大蛇も信仰されていれば神、されていなければ妖怪か、ただの大きな動物である。

異類婚姻譚にもさまざまなタイプがあるが、ここではヌシ伝承と関わりが深い「蛇聟《むこ》入」と「蛇女房」という話についてふれたい。「蛇聟入」は「苧環《おだまき》型」と「水乞《みずこい》型」の二種に分けられる。

まず「蛇聟入・苧環型」は、三輪山神話とほぼ同じ内容。夜ごと現れる美しい男に、娘が魅入られる話だ。両親の助言で、男の服に糸を縫いつけて跡をたどっていく……というのも三輪山神婚説話と同じ。その後の展開はふたつに分けられる。ひとつは、娘が堕胎する、もしくは蛇を産むという展開。もうひとつは、娘が産んだ子が英雄になるという展開。前者は、大蛇を妖怪か動物と見なしたからで、後者は、大蛇が神だった名残りである。有名どころでは、平安時代の武将「あかがり大太」こと大神《おおが》惟基《これもと》の出生伝説がこの話型《タイプ》だ。大分県竹田市の穴森神社には、大太の父親である大蛇が棲んでいた岩穴がある。[※32]

次に、「蛇聟入・水乞型」は、こんな話だ――むかし、ある男が、田に水を引いてくれた者に自分の娘を嫁にやりたいとつぶやいたところ、池のヌシが現れて水を引き、「約束どおり、娘をよこせ」と言う。三人の娘のうち、上の二人は嫌がるが、末娘が承諾する。娘は嫁入りの途中、策をめぐらせて、金気の毒でヌシを殺す。この話のヌシは約束を破られたうえに、殺されてしまう。何だか気の毒になるが、水田稲作をめぐる古い信仰が垣間見えて興味深い。なお、この話の蛇を河童に入れ替えただけの「河童聟入」という昔話もある。

「蛇女房」は、こんな話――むかし、ある男が蛇を助ける。しばらくして、女が訪ねてき

穴森神社（竹田市提供）

て夫婦になる。むつまじく暮らしていると、やがて女は妊娠する。女は「子どもを産むところを見ないでほしい」と言うが、男はのぞいてしまう。女の正体は大蛇だった。子どもは無事に産まれるが、女は自分の片目をくり抜いて男に渡し、子どもに与えるように伝え、去っていった――このあと、男が大蛇の棲む池を訪ねる場面がある。

水棲生物が女に変身して嫁入りする話には「蛙女房」、「蛤女房」、「魚女房」などがあり、いずれも展開が似ている。これらの話の異類女房たちはみなヌシだったのだろう。ただ、「蛇聟入」と違って、男たちは魅入られたわけではなく、助けたヌシの恩返しとして結婚している。

先ほど、ヌシに魅入られるのは、若くて美しい娘だと書いた。それで間違いはないが、それにしても、ヌシが娘を見初めるにはきっかけがいる。

新潟県佐渡郡佐和田町（現在の佐渡市）のヌシは、おとわという娘が洗った腰巻に惹かれ[※33]、同じ佐渡郡赤泊村（現在の佐渡市）のヌシも、尼が洗った腰巻に惹かれた。[※34]これは単なるスケベ心ではなく、腰巻の霊力によるものだろう。女性の腰巻も男性の褌も、呪具として用いられることがある。

高知県土佐清水市では、水浴びをして髪を梳いていた娘がヌシに見初められ[※35]、石川県金沢市では、洗濯をしていたお鍋という娘がヌシに見初められた。[※36]やはり水辺に近づくのは危ないということだが、こんな例もある。長崎県長崎市に伝わる話で、お竹という娘が、夕方に岩の上で笛を吹いていると、ヌシが美しい男に化けて現れ、良い仲になったという。(※37)笛の音に誘われて蛇が現れるという俗信は各地にある。

　ヌシに見初められた娘はどんな気持ちだったのだろう。さぞかし気持ち悪かろうと思いきや、管見に入った例では、両親は反対していても、娘本人はヌシと関係を持つのを嫌がっていないことのほうが多い。それどころか、みずからヌシのもとへと向かうケースすらある。

　岡山県真庭郡新庄村では、おまるという姫がヌシに魅入られてみずから滝壺に身を投じ、(※38)愛媛県北宇和郡広見町（現在の鬼北町）でも庄屋の娘が淵に飛び込んで、ともに大蛇に変じている。(※39)広見町の例では、大蛇になった娘が、親に向かって「こがいな姿になったけん、わしをあきらめてくれ」と話している。

　娘たちの言動が、自分の意思なのかヌシに魅入られた結果なのかは判断が難しい。ただ、ヌシの世界に渡った彼女たちはそんなに不幸に見えない。山形県東置賜郡宮内町（現在の南陽市）の手打つ沼のヌシ（大蛇）に嫁いだ娘は、父親の前に、水中から美しい花嫁姿で現れ、にっこり笑ったのち、ふたたび水底に消えていったという。その手は立派な花婿（ヌシ）に取られていた。父親は「沼の中にも、きっと龍宮城があるなだべ……そうに違えねえ……」とつぶやいたという。(※40)嫁いだ娘を思いやる親の気持ちは、相手が人でもヌシでも同じ。運命の相手が、たまたま人ではなかった、ただそれだけのことなのかもしれない。

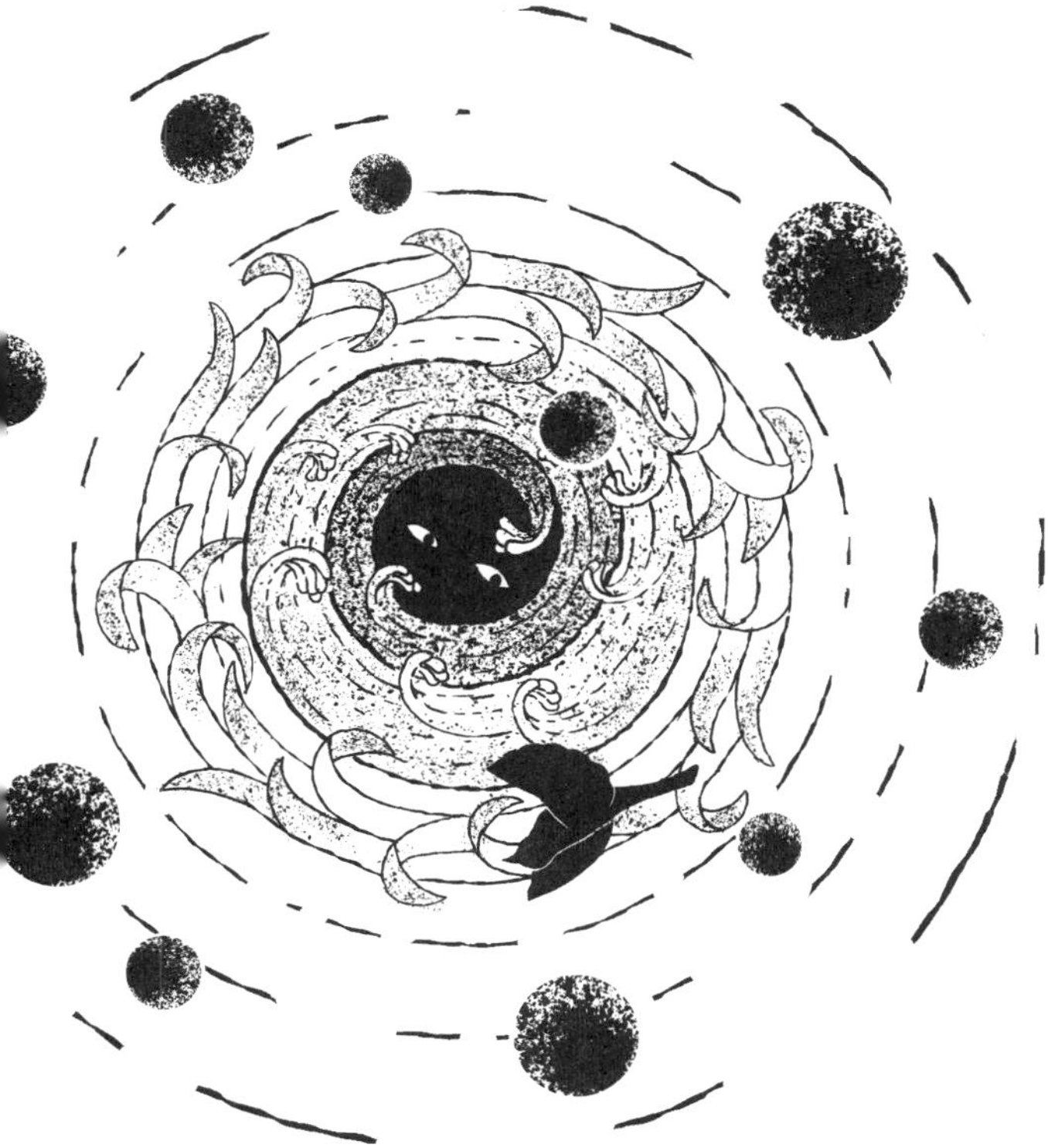

# 第六章

# ヌシの社会

# 沼神の手紙

昔話「沼神の手紙」は「水の神の文使い」とも呼ばれる話で、柳田國男『遠野物語』にも載っている。(※1)柳田はこの話を「己《おの》が命の早使い」と呼んだ。ヌシの性質を知るうえで興味深い話である。次の要約は宮城県登米郡東和町（現在の登米市）の話。(※2)

むかし、善作と矢作という兄弟がいた。兄の善作は長沼のほとりに、弟の矢作は伊豆沼のほとりに住んでいた。善作は商人で、毎年、近所の人とお伊勢参りをしていたが、百姓の矢作はその日暮らしがやっとでそんな余裕はなく、いつも兄をうらやんでいた。

ある日、矢作が沼のまわりの草刈りをしていると、ヌシの大蛇が、お姫さまに化けて出てきて、話しかける。

「これこれ、矢作よ、お伊勢参りに行く路銀をあげるから、富士の裾野の沼に住んでいる妹に、この手紙を届けておくれ」

喜んで手紙と路銀を受け取った矢作は、さっそく、仲間たちを誘ってお伊勢参りに行った。

富士の裾野の近くで、六部（旅の僧侶）に会った矢作が、沼の所在を尋ねたところ、不審がられて、手紙を見せるように言われる。手紙には、こう書かれていた。

「毎朝、この男が沼のまわりの草を刈るので、人目について困る。けれど、わたしがこの男を食べると、ヌシとしての人望がなくなるので、お前が代わりに食べておくれ」

このままではたいへんと、六部は次のような文面に書きかえた。

「この男は沼のためによく尽くしてくれているので、栗毛の駒をあげておくれ」

矢作がその沼に着いて、柏手を打つと、きれいなお姫さまが現れる。伊豆沼のヌシの妹だ。手紙を読んだ妹の姫は、お礼の品を渡した。

「ごくろうさま。いつも姉がご厄介になっているようなので、お礼に栗毛の駒をさし上げましょう。一日一合のお米をあたえると、一升の金貨を生みますよ」

以下は省略するが、間一髪のところで難を逃れたわけである。その後、矢作が幸福を得たのはご想像のとおり。この話は、栗駒山（宮城・岩手・秋田の三県の県境に位置）の地名由来譚となっている。どこまでも、馬と水神は結びつきやすい。後半の展開はバリエーションが多いが、前半の展開はだいたい先の話と大差ない。

手紙によって主人公の運命が変わるというモチーフをふくむ昔話は多い。『日本昔話事典』では「手紙の書き換え」の名で立項し、この「沼神の手紙」と「手無し娘」を例にあげている。語り手も聞き手も、文字を解するようになった時代の話であるのは間違いない。[※3]

ふしぎなことに、西欧にも「ウリアの手紙」というよく似た話がある。ただ、神や妖怪の類は出てこず、手紙のやりとりをするのは城主同士で、危難に遭いそうになるのは兵士となっている。学生時代、外国の小説（たしかスタンダールだったか）を読んでいたらいきなりこのエピソードが出てきて、日本の話とばかり思っていたので驚いたことがある。『日本昔話大成』では、中国の『捜神記』（四世紀）、わが国の『今昔物語集』（一二世紀ごろ）に類話を指摘している。[※4] 地域的にも年代的にも広がりをもつ話型である。それをふまえたうえで、日本という地域、近世（江戸時代）という点に注目したとき、何が見

「伊勢参宮略図」（1855年、国立国会図書館蔵）

えてくるだろうか。

一点目は、お伊勢参りに行く途中のできごととされている点に、江戸文化の特色が見てとれることである。観光旅行のはしりといえるお伊勢参りは、ツーリズム研究でも注目されている（※5）。また、旅の六部が登場する点にも、江戸の旅行文化の影響が見てとれる。

宮城と静岡といえば、こんにちの感覚でも相当の距離がある。このヌシの姉妹がいかなる理由で離れて暮らすようになったのかは想像にまかせるほかない。こうした距離の離れた沼のヌシ同士が姉妹で、交流をしているという話は非常に多い。

なお、「沼神の手紙」に登場する二体のヌシは決まって姉妹であり、兄弟という例は目につくかぎりはない。また、兄と妹、姉と弟の組みあわせの例もない。そして手紙を託されるのは、常に若い男である。女性の旅が困難だった時代であるうえに、主人公は遠方へ一人旅をするので、それなりに健脚でなければならない。だから、若い男性のほうがふさわしい。それゆえに、男性に魅入るヌシは女性に設定されるのではないだろうか。

二点目は、この話には江戸の郵便文化、ひいては文字文化の影が見いだせることである。

わが国の郵便文化は、さかのぼれば古代（七世紀）の伝馬制にまで行きつくが、庶民層にまで浸透したのは、江戸時代に飛脚問屋が発達して以降のこと（※6）。明治に入ると、前島密《ひそか》の指揮のもと、郵便制度が整えられていく（「郵便」という語を創案したのも前島）。ある程度、安定した社会でなければ、郵便という制度は機能しなかった。

ヌシの姉妹は、制度としての郵便を利用したわけではないが、文字を通して遠方の親族とやりとりをするという発想には、江戸の郵便文化の影響が見られる。

加えて、識字率の問題も「沼神の手紙」という話にはふくまれている。ヌシが手紙を託したのは、男が文字を読めないのを見こしてのことだった。ヌシにとって想定外だったのは、道中、文字を読める人物が介入したことだ。現代ではありえない話である。お話し会などで、子どもたちの前でこの話をするときには、この点に関する説明が必要になる。たとえば、山形県東置賜郡川西町の話では、話の途中で、語り手が「昔ぁ読み書きできる人ぁ少なく、字読めない人は字見ぇねえと言うたもんだ」と注釈をしている（※7）。

## 秘密の地下水脈

先ほどの話では姉妹だったが、「沼神の手紙」ではヌシ同士が血縁関係にない場合もある。たとえば、こんな話が伝わっている（※8）――丹波福知山（現在の京都府福知山市）の人が、所用で京へ行った帰り道、桂川のほとりで会った美しい女から、千代川村（現在の京都府亀岡市）

まで手紙を運んでくれるよう頼まれる。以下の展開は前の話と同じだが、違うのは、あて先のヌシが親族ではないことだ。その手紙には、次のように書かれていた――「先日はごちそうになり、ありがとうございました。このたび、良い人間が見つかりましたので、お礼に差し上げます。桂川のヌシより　大井川のヌシ様」。ごちそうがみずから手紙を持ってのこのこ訪ねてきたのだからユーモラスだが、本人にとっては笑いごとではない。この男も、すんでのところで難を逃れている。

　ここで注目されるのは、どうやらヌシにはヌシの社会があるらしい、ということである。この手紙の文面は、人間世界の礼状とほぼ同じ。お歳暮やお中元の贈答もしているのではないだろうか。ひとつ所に蟠《わだかま》っているのが、ヌシをヌシたらしめている条件だと先に書いたが、そのじつ、遠方の河川沼沢のヌシとも、頻繁に連絡を取りあっていた。

　手紙ではなく、直接、行き来するヌシの話もある。徳島県三好郡井内谷村（現在の三好市）の話(※9)――むかし、ある老夫婦のところに、見知らぬ娘がやって来て、「土佐から来ました。これから讃岐の満濃《まんのう》の池のおばのところに行くんですが、一晩、泊めていただけませんか」と言うので、泊めることにした。娘は「寝姿は見ないでください」と言うが、夫婦が約束を破ってのぞくと、大蛇が寝ていた。正体を見られた娘だが、とくに怒らず、「ほんとは末代までの宝物をお礼にあげるつもりでしたが、約束を破られたのであげられません。かわりに一生の宝物をあげますね」と言って、桐の箱を置いて去って行った（よくわからない理屈だ。ヌシの世界の不思議ちゃんか）。この箱を開けずに持っていると、一生、食べるのに困らないというのだが、これまた、禁忌を破ってふたを開けて、台無しにしてしまう。箱の中には小蛇が入っていて、淵に入って大蛇となったそうだ。なお、この娘のおばが棲む満濃池があるのは香川県仲多度郡まんのう町。日本最大の灌漑用ため池で、「満濃太郎」の別名もある。

　愛知県北設楽郡稲武町（現在の豊田市）には、雌亀の池に通う雄亀の話がある。[※10] この話では、雄亀には妻の亀がいたので（つまり浮気）、産《うぶ》土《すな》神（土地の神）を巻きこんだ騒動になる。結局、雄亀と浮気相手の雌亀は産土神に命を

満濃池（まんのう町提供）

奪われるが、その際、妻亀が夫亀の命乞いをしたというのは、業の深さを感じさせる。石亀峠には、この伝説に由来する亀石があるそうだ。

埼玉県秩父市浦山（現在はダム湖となっている）のヌシは大きな緋鯉で、光を放ちながら三つの池の上を飛び回ったという。[※11] 仲間のヌシのところに遊びに行ったのだろう。魚類のヌシというと、鰻か鯰が相場だが、鯉もそれらに次いで多い。鯉が空を飛ぶというと奇異な感じがするが、「鯉の滝登り」（いわゆる「登竜門」。鯉のぼりの風習もこれに由来する）の故事で知られるように、やがては龍に変身するのだから、そうふしぎでもない。

空飛ぶ緋鯉とは、月夜でもあれば、さぞかしきれいだろうが、いかんせん、目立ちすぎる。ひそかに地下の水脈を通って目的地の沼へと行く鯉もいただろう。京都府熊野郡（現在の京丹後市）の赤池には「鯉右衛門」と呼ばれるヌシの大鯉が棲んでいた。言い伝えによれば、この赤池の底は京都府竹野郡（同じく現在の京丹後市）の丹池につながっているそうで、赤池に投げた棒が、丹池に浮かぶのだという。[※12] 伝説では「鯉右衛門」が池を行き来したとは伝えられていないが、そうした例もあったはずだ。

池の底がべつの池につながっているという伝承は、全国にある。その証拠として、この話のように、A池に投げ入れた物が、B池から浮かび上がるという話が伝えられている。

たとえば、秋田県由利郡由利町（現在の由利本荘市）にある蟹沼は底なしで、物を投げこむと、べつの沼から上がるという。[※13] 富山県中新川郡上市町では、夫婦池の女のヌシが、地下水脈を伝って、かま池の男のヌシのもとに通っていたそうだ。[※14] また、火呑山の七ツ池（広島県府中市）の大蛇と蛇円山の大蛇は雌雄で、互いに行き来していた。それだけなら仲むつまじい夫婦の光景だが、移動の途中、人を飲み込んだりするので、住民たちは迷惑していたとのこと。[※15]

　これに関連するのが水中の異界の観念である。河川沼沢の底にはヌシたちの棲む世界があった。富山県東礪波郡城端町（現在の南砺市）の縄が池には、次のような話が伝わる[※16]——縄ヶ池のヌシは、俵藤太（第一章参照）に由来する。大百足を退治した俵藤太が、お礼にもらった龍の娘を池に放って、田畑の水源地を作ったのだという。以来、日照りが続いた際には、この池に来て雨乞いをしたそうだ。また、この池の底に、竜宮城があるとも噂されていた。草刈鎌を落とした男が、池に潜ったとき、ヌシの龍女を見た。龍女に「他言しないように」と言われた男は、約束を守って財産を得るが、その後、うっかりこの話をしたとたんに血を吐いて倒れ、絶命したという。

　似た話は群馬県伊勢崎市にもある。[※17] こちらの話では、竜宮の話をしてしまったがために命を落とした男（阿感坊という名前）の墓が現存していて、子孫もいるという。群馬といえば、俵藤太の大百足退治伝説ゆかりの地なので、こちらのほうが古そうだ。

こんにちでは、「浦島太郎」の影響で、竜宮城といえば海中にあるものというイメージが浸透しているが、民間伝承では、川や池の底にあるとする話も多い。昔話「竜宮童子」に登場する、何でも願いをかなえてくれるふしぎな少年は、川の底の竜宮城からやってきた。思えば、俵藤太も琵琶湖の底の竜宮の依頼を受けて、大百足退治をしたのだった。

## 引っ越しをする理由

ヌシが移動する理由もさまざまである。次に紹介するのは、滋賀県愛知郡愛知川町（現在の愛荘町）の話（※18）。

むかし、ある宿屋に泊まった男が、主人に「ほかの客の宿賃も払うから、貸し切りにしてほしい」とお願いをした。主人もそういうことならと納得し、貸し切りにした。その客は、風呂には入らず、代わりに「大きなたらいを部屋に持ってきてほしい」と言う。またしても妙な注文。言われるままに、大たらいを貸した主人だが、気になるのでこっそりのぞいてみると、たらいに浸かった大蛇が行水をしていた。たまげた

**主人は、慌ててふすまを閉めた。**

**その後、宿屋はだんだん流行らなくなっていったという。その大蛇は、のちに祇園さまとして祀られることになった。**

ここでも、人間たちはヌシとの約束を破っている。これは昔話でいう「見るなの禁忌」といわれるモチーフで、伝承文学研究のテーマとなっている。たとえば「鶴女房」では、女房から機織りをしている姿を「見るな」と言われた男が、約束を破って中をのぞき、幸福な生活を失う。「鶯浄土」でも、山中の奇妙な屋敷に一人で住む娘から、部屋の中を「見るな」と言われたにもかかわらずふすまを開けて、現実世界に引き戻される。「浦島太郎」の玉手箱も「見るなの禁忌」の一例である。

「見るな」というのは人ならぬモノ、妖怪よりも神仏に近い存在である。聖書にも「神の姿を見た者は死ぬ」旨のことが書かれているが、むやみに神聖なものに近づいてはいけないという古い信仰の名残りといえる。ヌシの神としての側面が垣間見られる。先の話の大蛇も、最後は神として祀られている。

このヌシは何のために、どこからどこへ行こうとしていたのだろうか。話の内容からはわからない。愛知川町（現在の愛荘町）に伝わるべつの話では、ヌシ（龍）が、枇杷《びわ》を食べるために陸に上がり、途中で、宿に泊まったと言っている。(※19) こちらの話でも、女中が「見るなの禁忌」を破り、没落するという展開になっている。ヌシが枇杷を食べる理由については、昇天をするための修行だとされている話もあるが（第五章参照）、そのあたりの理屈はよくわからない。枇杷を庭に植えるのを忌む俗信は多いが、そのあたりと関連するか。

昇天する以外にもヌシはさまざまな理由で移動するが、何しろ巨体であるし、暴風雨や土石流が起きることもあるので、悪意はなくとも、往々にして人に被害をあたえる。それは、特撮ドラマの怪獣たちにも当てはまることである。

富山県婦負郡八尾町（現在の富山市）の仁歩に棲む雄の大蛇は、お玉が池の雌の大蛇のもとに通ったそうだ。(※20) それだけなら美しい恋物語なのだが、その度に大洪水を引き起こすので、近隣住民の被害は甚大、恋は盲目とはこのことだ。ここで、雄が雌のところに通っている点に留意したい。はるか平安時代の通い婚（妻問《つまどい》婚）の痕跡が見いだされるのだ。「蛇聟入・苧環《おだまき》型」の大蛇も、女のもとに通っていた（第五章参照）。

一方、ヌシのどちらか片方が相方のもとに通うのではなく、べつの場所で逢引きをする話も伝わっている。長野県南佐久郡佐久穂町の話では、諏訪湖のヌシ（雌の龍）と松原湖のヌシ（雄の龍）が、双子池という池で逢引きをしている。(※21) もっとも、松原湖のヌシはもともとは双子池に棲んでいたというから、何か子細があったのかもしれないが。

ヌシが移動する理由はさまざまだが、なかには、ヌシならではの事情も。

鳥取県東伯郡三朝町の尼子ヶ仙の山頂にある上池・下池のヌシは大蛇だったが、大きくなりすぎて池にいられなくなり、大山の赤松の池に移ったという。[※22] ヌシの巨体は、長い年月を経て生きつづけていることの証で、ほうっておけば、いつまでも大きくなる。爬虫類は死ぬまで大きくなるそうなので、現代の人ならそう解釈するかもしれない。

いままで紹介してきたヌシたちは、みずからの意思で、棲みなれた河川沼沢を離れている。だが、よんどころない事情で移動を余儀なくされるヌシたちもいた。

岐阜県吉城郡神岡町（現在の飛騨市）のヌシの大蛇は、人が池で鉄器を洗ったために逃げ出したという。[※23] その際、石混じりの大雨が降ったそうだ。大蛇は金気を嫌う。このケースでは、人の側にヌシを追い出そうという意図はなかったようだが、この性質を利用すれば、比較的容易にヌシを追放できる。

愛媛県西宇和郡蔵貫村（現在の西予市）の池に棲んでいた龍のお姫さまは、鍬や鎌を投げこまれて、長年の棲みかを追われたという。[※24] それというのも、干ばつのおり、池が干上がったのを、人間たちが龍のせいだと怒ったためである。じつはぬれ衣だったのだが、となりの三瓶村の池が水をたたえていたのが、噂に拍車をかけた。気の毒な話だ。

そういうわけで、三瓶の池に移った龍のお姫さまだったが、どうにも狭くて居心地が悪く、結局、べつの島へと移っていった。その際、舟に乗せてくれた漁師に、「わたしはなんにも悪いことをしていないのに村人に池を追われ……」と、泣き言を言っている。

強大な力を発揮するヌシにも、あんがい、もろい面があるのだ。

## 物言う魚

ぬれ衣で棲みかを追い出されるのは珍しいが、人間との戦いに敗れたヌシが、遠方へと落ちのびていくという話は多い。この場合、ヌシは退治されたわけではなく、べつの場所に移住して生きている。これは日本の民俗社会での伝統行事「虫送り」と同じ発想である(※25)。

害虫を駆除し、豊作を祈念する呪術行事「虫送り」では、悪霊に見立てた藁人形を、村人たちが鉦太鼓を鳴らしながら村境まで運んでいき、外に追い出す。藁人形は、長虫すなわち大蛇の姿をしていることが多い。ヌシの負の面の形象といえよう。悪霊＝藁人形は川などに流すこともあるが、追放しただけで退治したわけではないので、根本的な解決にはなっていない。隣村の住民にとっては迷惑な話で、このあたりに日本人のウチ／ソトの感覚を考えるヒントがあるような気がする。

一方、人間同士の争いが理由で、移動するヌシの話もある。この場合のヌシは、とばっちりを受けたかたちだ。瀬戸内海に浮かぶ平郡島（現在の山口県柳井市）の蛇の池のヌシは、もともとは対岸の室津半島の潟に棲んでいたのだが、同地が源平合戦のおりに血に染まったので、たまらなくなって逃れたのだという。(※26)いわゆる「血の穢《けが》れ」の禁忌である。

　このヌシはお釈迦さまの使者で、悠久の昔から静かに潟で暮らしていたのだが、その平和も戦火に破られた。逃げのびる際、美女の姿に変じたヌシが、漁師に、「どうしても、今夜中に行かなければいけないんです」と頭を下げて助けを求めたというのが、何とも哀れだ。このヌシは、自分のことは秘密にしてほしいと頼み、その代わりに、お礼として漁師に大漁をもたらせた。しかし、漁師が約束を破ったために豊漁も終わってしまう。漁師

虫おくり（昭和40～50年代、青森県五所川原市提供）

が後悔しても、あとの祭り。前にも書いたが、信頼関係を壊すのはいつも人間の側である。

ここで、ヌシが漁師に豊漁をもたらしていることに留意したい。ヌシには、魚族の王としての側面もある。長くなるので省いたが、先ほどの愛媛の龍のお姫さまも、漁師に豊漁をもたらせた。ただ、例によって約束を破られてしまうのだが。

山形県東根市には、かつて最上川の淵が干上がったとき、そこに棲んでいた大魚が、龍神に頼んで、近くの沼に移住したという話が伝わっている。(※27) この大魚自体もヌシの風格があるが、より強力なべつのヌシに助けてもらったということか。

魚族の王としてのヌシは、竜宮城の伝説によく表れている。唱歌「浦島太郎」の一節「タイやヒラメの舞い踊り」のように、眷属《けんぞく》として魚介を引き連れている。竜宮城のある水底も、水の流れの滞《とどこお》る場であり、ヌシの棲みかにふさわしい。

千葉県安房郡富浦町（現在の南房総市）には、竜王の子を釣りあげた話が伝わっている。(※28)

以下、引用。

> **昔むかしのある日、漁師たちが沖に仕掛けた網を引き上げていました。**
>
> **しかし、なぜかその日は不漁で、雑魚一匹掛かっていないのです。最後の網もあきらめながら引きますと、こんどは大きな手応えがあって、頭が竜のような怪魚が一匹**

上がってきたのです。

「魚の獲れねえのは、こいつのためだっぺ。叩き殺してしまえ。」

「いや、見た事もねえ気味の悪い奴だ。持ち帰って見世物にでも売るべえ。」

漁師たちが勝手な言い合いをしていますと、驚いた事にその魚が口を利いたのです。

「私は海の底に住む竜王の子です。うっかり網に掛かってしまいましたが、逃がしてくれたらお礼をします。」

「竜王様は俺たちを海から守る神様だ。その子なら逃がしてやるよ。お礼と言ったが、お前にできる事なら何でもいいよ。」

「お礼は、時化が近づいたら、海の底から太鼓を叩いて知らせます。約束しますよ。」

逃がしてもらった魚は大喜びで海底深く消えて行きました。その時から、時化が近づくと、「ドドーン、ザザー」と音がして、波が船に当たるようになったそうです。

この話では平和的な結末になっているが、もし漁師たちがこの怪魚を殺したり、見世物にでもしていたら、天罰が下ったにちがいない。なにしろ「竜王の子」なのだから。

釣り上げた魚が人語を話している点、海が荒れるのを知らせている点は、全国に伝承されている「物言う魚」という昔話（もしくは伝説）と通ずる。

岡山県久米郡柵原町（現在の美咲町）に伝わる「物言う魚」の話はこうだ[※29]――むかし、ある男が徳善淵で大きな鯰を釣った。男が鯰を担いで歩いていて、荒神《こうじん》さまの前を通ったとき、祠の中から「徳善どん、どこへ行かれるんか？」と声がする。すると、背中の鯰が「ちょっと、タカシロまで甲羅干しに行こうかと思うんじゃ」と答える（タカシロは徳善の行き先）。驚いた男は、鯰を放り投げて逃げ出したが、その後、高熱にうなされたという。その鯰の名を徳善といった。

全国の報告例を見ると、「物言う魚」の種類には傾向があるようで、鰻と鯰が断トツに多い。これはヌシになる魚の傾向でもある。一方、沖縄県の話では、ヨナタマという魚（人魚だとされる）が津波の予言をするが、柳田國男はこれが原型だと説いている[※30]。「物言う魚」については、後藤明が、東南アジアからオセアニアにわたる広大な地域を視野に考察をしている[※31]。ヌシの背後には、はるかなる伝承世界が広がっているのだ。

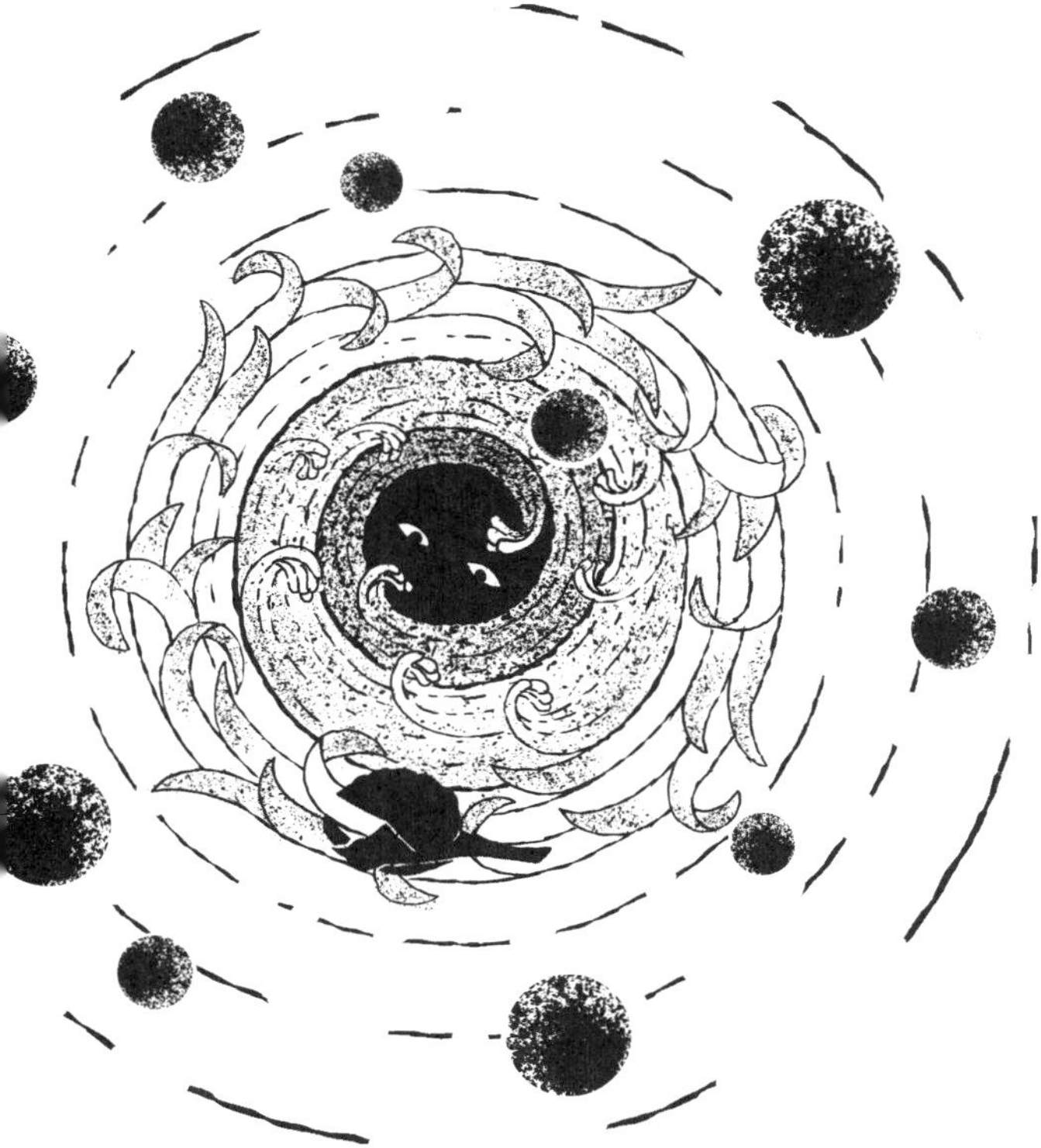

第七章

# ヌシVSヌシ

# 戦場ヶ原の神話

映画『もののけ姫』（宮崎駿監督、一九九七年）は、随所に民俗的なモチーフが散りばめられており、当時、学界でも話題になった(※1)。わたしが在籍していた大学院でも、ある外国人留学生が『もののけ姫』について発表をした。民俗学の成果を用いて創られた作品を、民俗学の手法で研究するのはマッチポンプのような気がして、わたし自身は研究対象にしようとは思わなかったが、ヌシ研究の視点から見てみると、いろいろと興味深い作品である。『もののけ姫』が秀逸なのは、単純な人間対自然という図式に陥っていない点にある。人間の側も自然の側もともに一枚岩ではなく、それぞれの立場の論理で動いており、一概にどちらを善とも悪ともいえない。相関図の複雑さは主人公・アシタカの思考や行動原理の複雑さにつながり、そのことが作品に深みをあたえている。

作中における自然は、三頭の巨大動物に象徴される。白い毛に二本の尾を持つ狼・モロの君と、四本牙の猪・乙事主《おっことぬし》、そして森の神である多角のシシ神（複数の動物の特徴を合わせた姿をしているが、全体のフォルムは鹿に似ている）である。巨大な体躯と身体的特徴を有するこの三頭のうち、モロの君と乙事主は一族の長で、土地の代表者でもある。シシ神は動物界に君臨する森の神として描かれている。いずれも、ヌシと見なしていいだろう。このほかに、猩々《しょうじょう》という猿の一族も登場する。一族にはそれぞれの立場があり、人間相手に一時的に共闘はしているものの、平生《へいぜい》の仲の悪さを感じさせる描写もある。人間同士で争いが絶えないように、動物同士の争いも絶えない。

この章で取り上げてみたいのは、ヌシとヌシが争う話である。こう書くと動物界の縄張り争いのように思われるかもしれないし、そういう側面があるのも確かなのだが、背景にあるのは、神と神とが競い争う神話である。

最初に取り上げるのは、戦場ヶ原の伝説である。戦場ヶ原とは、日光国立公園内にある湿原で、ラムサール条約湿地にも登録されている。ヌシの棲むロケーションとしては申し分ない。この物騒な地名には、こんな由来がある。異伝の多い伝説だが、だいたい、こんな内容だ。（※2）

**むかし、男体山（二荒山）の神と、赤城山の神が、互いに中禅寺湖を自分の領地にしようとして争いをした。**

**戦いの際、男体山の神は大蛇の姿になり、赤城山の神は大百足の姿に変じた。激しい争いは長引き、なかなか決着がつかない。業を煮やした男体山の神は、自分の子孫**

である猿丸という猟師に助太刀を依頼する（このとき、白い鹿の姿に変じて現れたともいう）。戦いの最中に、相手の大百足（赤城山の神）の目を矢で射抜くよう頼んだのだ。

　期待に背かず、猿丸は大百足の目を射抜く。赤城山の神は、血を流しながら逃げていったという。

「男体山の神が、自分の子孫に助太刀を頼む」という箇所に疑問を持たれる方もいるかもしれないが、神は不死身なので、何代もあとの子孫の時代になっても生きつづけているのだ。

　男体山があるのは栃木県、赤城山があるのは群馬県。旧国名でいうなら、下野国と上野国である。伝説のとおり、実際に、中禅寺湖

戦場ヶ原

は栃木県にある。壮大なスケールの話だ。地名由来伝説にもなっていて、男体山の神が勝利の歌を歌った場所が「歌ヶ浜」、赤城山の神が流した血が「赤沼」もしくは「赤沢」となり、また、勝負をした場所を「菖蒲ヶ浜（勝負→菖蒲）」と呼ぶようになったという。また、大蛇が傷を癒やしたことにより、温泉が発見されたともいう。戦《いくさ》の発端が、中禅寺湖の帰属をめぐる対立というのが生々しく、人間世界の領土紛争のようだ。そこから、この伝説は、下野国と上野国の豪族の争いを表現したものではないかという説もある。[※3]

目を転ずれば、琵琶湖の覇権をめぐっても、かつて鯉と鰐《わに》（海の怪物。現在の動物のワニとは異なる）が激しく争った。伝承によっては、鯉ではなく鯰、鰐ではなく海蛇であったりするが、いずれにせよ、海のヌシが琵琶湖に侵入しようとして衝突が起こった。山本節《たかし》はこれを「海中他界と湖中他界との闘争の説話」と読み解いている。[※4]

一方、個人的な理由で争ったヌシの話もある。新潟県東頸城郡松代町（現在の十日町市）に伝わる話[※5]——むかし、蒲生の池のヌシが、野々見の池のヌシに嫁をもらいに行って断られたのを恨み、三年間、奉公をしたのちに刀を借りて、野々見の池のヌシを切り殺した。そのときに流れた血でできたのが千曲川。蒲生の池のヌシはみずからの所業が怖くなって逃げ出し、蒲生の池の水は抜かれて、田んぼになった。

まるで、現代のストーカー殺人のような話だ。三年間も奉公して刀を手に入れたという執念深さが怖い。べつの伝承では、野々見の池のヌシと池尻の池のヌシとの争いとなっていて、そちらでは、野々見の池のヌシが加害者、池尻の池のヌシが被害者となっている。[※6]殺害動機は同じで、野々見の池のヌシの嫁取りを、池尻の池のヌシが断ったことに端を発している。

この話から読み取れるのは、ヌシ同士で婚姻がおこなわれていたということ、婚姻が破談に終わったとき争いが生じるということである。ヌシの社会（第六章参照）の一端が垣間見られる。そしてヌシ同士の争いは、しばしば人間の生活にも影響を及ぼす。

## 縄張り争いをするヌシ

神とヌシが争う話もある。ヌシも祀られることがあるが、相手が神となると、すっかり悪者扱いされてしまっている。兵庫県豊岡市の話[※7]――往古、豊岡付近の平野は泥海で、人が住むのに適さなかったという。それで気の毒に思った神々が、土地を広くするために、泥水を日本海に流すことにした。それで大岩を切り開いて水を流したところ、ヌシの大蛇が現れて巨体を横たえ、流れをせき止めた。それから、神々とヌシとの激しい戦いが始まった。最後に、神々はヌシを引き裂いて倒し、泥海は人の住める土地になったという。

この話は、豊作祈願の「八朔のえんたびき」という行事の由来譚となっている。藁で大蛇を作って双方から引っ張り合い、最後には引きちぎるのである。この場合、ヌシに非はなく、少し気の毒だが、干拓作業の苦労をメタファーとして示したものだと解すれば、なかなか興味深い。また、ヌシを神と解すれば、新旧の神の対決とも見て取れる。

ともかく、人の住む土地にヌシは棲めず、ヌシの棲む土地に人は住めないのである。もし神々が負けていたら、ヌシはその土地に安住できたが、その代わり、人の歴史は紡がれなかった。やはりヌシとの共生のヒントは、住み分け／棲み分けにある。

盆地がかつて満々《なみなみ》と水をたたえた湖だったという湖水伝説は各地にある。柳田國男『遠野物語』には、岩手県の遠野盆地が湖だったとする伝説が、[※8] 江戸時代の『甲斐国志』（松平定能、一八一四年）には、山梨県の甲府盆地が湖だったとする伝説が載る。[※9] 長野県の松本盆地や秋田県の横手盆地も、かつては湖だったとする伝説がある。地質学的にもそういうことはあるようで、盆地で発掘される魚介類の化石が、この伝説に説得力をあたえている。

山形県の小国盆地にも同様の話があり、太古、そこには湖のヌシである大亀が棲んでいたという。山形県最上郡最上町の話では、湖が盆地になった由来をこう説いている（『小国郷夜話』）。権現山のヌシの大蛇が、湖のヌシの大亀と顔を合わせる場面の引用。[※10]

ある時、湖の北はずれで二匹がばったりと出会って、自分こそはこの湖の主だと口論になったがなかなかケリがつかないので、力づくでアライ（強い）者が主になることにして二匹は七日七晩も争い合った。湖水には大波がうず巻いてものすごく、その内しだいに大亀は力つきて西はずれの山に大穴をあけて逃げ出したが、もともとこの湖水は俺のものだから俺がもってゆくといって、水をみな落としてしまった。大亀が水を落した《（ママ）》のは今の潮見で、その山を亀割山と呼ぶようになったとか。その後に湖が干上って小国盆地の村が出来たのだそうな。

ヌシ同士の争いの描写は迫力があり、一大スペクタクルとなっている。特撮映画にでもなりそうだ。べつの伝承では、大亀ではなく大蟹が大蛇と戦ったことになっていて、湖の水が流出してできたのが小国川、二匹が争った場所を戦沢、切られた大蛇の尾が流れ着いた場所を長尾と呼ぶとある。[※11] また、亀割山はもともと蟹割山といったとする伝承もある。[※12]

この話では、争いの発端をヌシ同士が偶然、鉢合わせたことによるとしているが、べつの伝承では、大蛇が昇天して龍になろうとしたのを大蟹が邪魔したからだといい[※13]（ヌシの昇天については第五章参照）、またべつの伝承では、慈覚大師に沼の水を抜かれた大蛇が、ほかの沼に移ろうとして先住のヌシと争いを起こしている[※14]（ヌシの引っ越しについては第六章参照）。

これと似た話が、福島県福島市、および伊達郡国見町にもある。はるかむかし、同地一帯は一面の湖だったという。そこに大蛇が棲んでいたのだが、あるとき、侵入してきた水熊に敗けて東方へと去り、それが理由で湖の水が枯れ、盆地になったという——以上、『信達民譚集』によったが[※15]、「水熊」とは何だろうか。「水蜘蛛」の誤記かとも思ったが（蜘蛛がヌシになる例については第四章参照）、べつの伝承でも「大玄熊」と書かれていて[※16]、熊の怪であるのは確からしい。珍しい例である。

高知県香美郡香北町（現在の香美市）には、ヌシがべつのヌシのテリトリーに入り、いざこざが起きた話がある[※17]。ヌシは、侵入者が人間以外であっても容赦がない。

**ある田に、大蛇が棲んでいた。ある年の夏、日照りで参っていた大蛇は、涼を求めて田を離れ、沼に体を浸した。ところが、その沼には大蟹が棲んでいた。獲物を待ちかまえていた大蟹は大蛇に襲いかかり、ハサミで体を十に切り刻み、死骸を田の上に捨てた。それ以来、この田は「十切田」と呼ばれるようになった。**

べつの話では、洗濯のために池に行った老婆が、大蟹に十に切り刻まれたので「十田」と呼ばれるようになったといい[※18]、また、蟹ケ池の地名由来伝説になっている話もある[※19]。一連の湖水伝説には人間の影が薄く、神話（神々の時代の話）的な語られ方がされていた。それに引きかえ、この話は、水田という人の生活圏のなかで終始していて、伝説（人間の時代の話）的な内容となっている。岡山県真庭郡中和村（現在の真庭市）には、ヌシ同士の争いに敗けた蒜山の龍がよじ登ったために、ねじれたと伝わる松がある[※20]。これを切ると祟りがあるというが、これも人の生活圏でヌシ同士が争った話の例だ。

## 助けを求めるヌシ

千葉でも大蛇と大蟹が争っているが、ヌシ同士の争いではない。以下、君津市西日笠の長久寺に伝わる話[※21]。

**むかし、この地に信心深い長者がいた。長者には心根の優しい娘がいて、蟹を可愛がっていた。ある日、長者は、蛇が雉《きじ》を呑もうとしているところに行き合う。長者が**

「その雉を放してやったら、娘をやる」と言うと、蛇は雉を放し、去っていった。やがて美しい青年が現われ、「約束どおり、娘を嫁にくれ」と言うが、長者はその申し出を拒む。怒った青年は大蛇の本性を現して、娘を奪い去ろうとする。そこへ無数の大蟹が現われて大蛇と戦い、切り刻んで倒す。長者は、日ごろ信心している地蔵菩薩の功力《くりき》だと感じ、長久寺という寺を建て、また、蟹山権現を祀り、その近くの淵は蟹ヶ淵と呼ばれた。

昔話では「蟹報恩」と呼ばれる話だが、ここでは伝説となっている。京都府木津川市の蟹満寺の縁起も同内容である。[※22] 長久寺の伝説の大蟹はもともとヌシではなかったが、蟹ヶ

蟹満寺

淵という地名から、この話のあとにヌシ化したらしいことがわかる。なお、蟠満寺の縁起については、関根綾子による論文がある。[※23]

また、佐賀県佐賀郡大和町（現在の佐賀市）には、大鯰が大蛇と争って、姫を助けた話もある。ここでは、鯰を食べてはいけないという禁忌に結びついている。[※24]

福島県伊達郡梁川町（現在の伊達市）にも、大蟹と大鰻が争った話がある。[※25] 梁川町は先の話の国見町ともほど近い——むかし、阿武隈川が氾濫したとき、それに乗じて上ってきた大鰻が蟹淵を寝床にしようとして、そこのヌシの大蟹と戦いになった。七日七晩の戦いののち、大蟹が勝ち（だいたい、この型の話では大蟹が勝つ）、大鰻はハサミで切り刻まれてしまう。ここまでは先の話と同じだが、この話には続きがある。負けた大鰻の霊が娘の姿になって、ある老人の家を訪れる。娘（大鰻）はことのいきさつを話し、自分を裏山に葬ってもらいたいと懇願する。哀れに思った老人はそのとおりに大鰻を葬ったという。

この話はヌシ同士の争いの後始末を人間がつけた格好だが、なかには、ヌシ同士の争いに人間が加わったケースもある。それも、劣勢に立たされたヌシの懇願によって、だ。戦場ヶ原の伝説の後継というべき話である。

いわゆる「片目の魚」の伝説は各地にあるが、山形県西村山郡川土居村（現在の西川町）の話は、ヌシの争いと結びついている[※26]——同地の大沼はたいそう水がきれいで、それゆえ、よその土地のヌシたちに目をつけられていた。大沼のヌシはか弱い女性で、まともに戦ってはかなわない。思案したあげく、大沼のヌシは美女の姿になって、藤五郎という腕自慢の猟師のもとを訪れ、加勢を申し出た。その際、大沼のヌシは、鉄製の鏑矢《かぶらや》で射れば勝てるとの秘策を伝授した。その夜、藤五郎が、侵略にきたヌシめがけて射ると、矢は目に命中した。侵略者のヌシは大沼で目を洗い、逃げていった。以来、この沼の魚はみな片目なのだという。

　この話のヌシは、単独ではよその土地のヌシの侵略を防げなかった。人の協力があって初めて、撃退できたのである。それにしても、「金気を嫌う」というヌシの弱点を、ヌシみずからが人に明かすのだから、これは危険な賭けであり、だからこそ人の手助けが必要だったといえる。一撃必殺の鉄製の武器を、ヌシ自身は触ることができない。ヌシ同士の争いでこれを使おうとすると、人に依頼せざるをえないのだ。だから、人選にはよくよくの注意を払ったと思われる。

　一方、新潟県刈羽郡鵜川村（現在の柏崎市）には、こんな話もある[※27]――むかし、布施徳兵衛という庄屋の夢に、板山池のヌシの龍が現れ、「今度、信州野尻の池のヌシと戦わなければいけないので、貴殿の家の刀を貸してもらえないだろうか」と言う。それで庄屋が刀を貸すと、しばらくして野尻池の水が真っ赤に染まった。地元の人は「板山池のヌシが切り合いをしたにちがいない」と噂した。ヌシから戻された刀は、少し欠けていたという。以来、この刀は庄屋の家の家宝となった。庄屋本人が戦ったわけではないが、人がヌシに加勢した例である。このヌシは刀を手にして戦ったらしい。金気が大丈夫だったのか気になるところだ。

　この話のヌシの場合、板山池のヌシと、野尻池（野尻湖のことか）のヌシのどちらに非があって争いになったのか判然としない。あるいは、どちらにも非はなかったのかもしれない。ただ、板山池のヌシの言葉からは、戦《いくさ》にいたった抜き差しならない事情が読み取れる。目についた例を見る限り、ヌシが助けを求めるのは、地元の人である場合がほとんどだ。また、争いの原因も、よそのヌシが侵略してきたことに端を発していることが多い。そう考えると、ヌシと人は、一丸となって自分たちの土地を守ったとも捉えられる。ことによると、近代以前の農村における水争い（水利権をめぐる争い。「水論《すいろん》」ともいう）の史実が反映しているのではあるまいか。時として、水争いは暴力行為をともなうことがあった。新田開発の際に水争いが起こることもあるが、干拓事業とヌシは関わりが深い(※28)。

　また、これらの話のヌシたちは、当初は人と関わりのないところで争っている。ヌシが自然のメタファーだとするなら、これは自然と自然の争いを意味している。そして湖水伝説のように、ヌシがヌシを滅ぼす（自然が自然を破壊する）こともある。ここから指摘できるのは、かつての日本人が多面的な自然観を持っていたということである。ヌシたちも一枚岩ではない。エコロジーの視点からヌシを考えるときに、ともすれば、破壊者である人間と、自然の代弁者であるヌシの対立の図式に落とし込みがちだが、そう単純な話ではないのだ。

## 異類合戦

このように、ヌシとヌシとが争いになったとき、どちらかが人に加勢を求めに来ることがある。戦場ヶ原の神話もそうだった。これまで紹介してきた話では、人もヌシの望みに応えて共闘奮戦し、見事、敵対するヌシを撃退している。ヌシも人を見る目があったということだが、いつもそう上手くいくとは限らない。見込み違いをしたヌシが酷い目にあう話も各地に伝わっている。

宮城県栗原郡瀬峰町（現在の栗原市）には、蕪栗沼のヌシ・大亀の甲助と、富川のヌシ・大鰻の長助が争った話が伝わっている。その際、大鰻の長助は、鴨撃ちの名人の猟師に加勢を求める。ヌシが人間を頼ってきたのである。大鰻の長助は「お礼はうんとはずむから、どうか甲助の甲羅をぶち抜いてくれないだろうか」と頼んだ。鴨撃ちは快諾し、いざ決戦の日を迎えた。以下、『陸前昔話集』からの引用(※29)。

> その日がやって来たど。鴨撃ちは自慢の鉄砲を持って蕪栗沼さ行ったど。ほうして、一番大っきな栗の木さ登って待ちかめで《かまえ》たら、亀の甲助と鰻の長助がぞろぞろぞろ子分どもを引き連れてやって来たど。
>
> 亀の甲助が沼の縁さ上がって呪文を唱えたら、真っ黒い雲がもっくもっく湧いてきて、ザーッと大雨が降ってきたど。鰻の長助も負けてらんねで、嵐を呼び起こして、甲助さかがってったど。それを見て鴨撃ちはすっかりたんまげて《たまげて》しまって、長助に頼まれたことも忘せで、夢中で家さ逃げ帰ったど。
>
> 次の朝ま、鴨撃ちは、今頃はなじょなった《どうなった》べ、思て、おっかなびっくり行って見たら、沼が真っ赤な血の海になって、岸に鰻の長助が傷だらけになって死んでだど。

なんと不甲斐ない、敵前逃亡である。もしこのとき、鴨撃ちが引き金を引いていたなら、大将を討ち取られた亀軍団は総崩れになっていたかもしれない。鰻の長助も、とんだ人選ミスをしたものだ。なお、この大戦があった沼も川もいまは田んぼになり、ただ、亀の子おっぽれという名の沼が残っているだけだそうだ。世の無常を感じさせる話である。

　これと似た話が、仙台市にもある(※30)――広瀬川のほとりに住む源兵衛という男のもとに、ある雨の夜、美しい娘が訪ねてくる。娘が言うには、「私は淵に棲む鰻です。今夜、川辺に棲む大蜘蛛が攻めてくるので、どうか助けてください」とのこと。娘（鰻）の作戦は、戦いの最中に「源兵衛、ここに控えおるぞ！」と叫んでもらえれば、人間の加勢に恐れをなした大蜘蛛は逃げていくだろう、というもの。快諾した源兵衛はそのまま淵に行く。しかし、鰻軍団と蜘蛛軍団の一大決戦が始まると、あまりの凄まじさに恐れをなし、源兵衛は声を上げることができずに逃げ去る。翌朝、源兵衛が淵に行くと、大鰻とその仲間たちの死骸

広瀬川（広瀬川ホームページより）

が浮かんでいた。源兵衛は発狂し、淵に身を投げた。これが「源兵衛淵」の由来である。

この話でも、加勢を頼まれた男は敵前逃亡している。そのあげく狂死してしまうのだが（べつの伝承では病死）、人の側にとっても、災難な話だ。なお、この源兵衛淵では、祟りによって、毎年、何人かが溺れ死ぬのだという。また、この大鰻を埋めた塚もあるそうだ。

どういうわけか、類話は宮城県に多い。話を広めて回った者でもいるのだろうか。刈田郡蔵王町では、不動滝のヌシの大鰻と、三階滝のヌシの大蟹が戦闘をくり広げている。(※31)やはり、大鰻が美女に変じて猟師に加勢を頼み、猟師も約束をするのだが、敵前逃亡をしている。結果、大鰻は負けて殺され、澄川という川が七日七晩、血に染まったという。

同じく仙台市に伝わる「藤助淵」の話もこれと似ているが、少々展開が異なる。(※32)藤助という人が釣りをしていると、淵の底から声がする。声の主はこの淵に棲む大鰻で、「明日の夜、賢淵の蜘蛛が攻めてくるから、絶対に声を立てないでほしい。そうすれば、自分が勝てる」と言う。大鰻の言うことを承知した藤助だったが、いざ合戦が始まると、あまりの恐ろしさに声を上げてしまい、結果、大鰻は負けたという。

一連の話からは、ヌシ同士の争いが、人と関わりのないところで始まる場合が多いこと、その争いを目の当たりにした人が中立を保つのは難しいことがわかる。それはそうだろう、人間も自然のなかで生きているのだから、いかにヌシと距離を置こうとしても、まったく無関係ではいられない。

ヌシ同士が争う話では、ヌシが単独で争うものと、その眷属を引き連れて争うものとがある。後者の場合は、大将のヌシを先頭に、蛇軍団、百足軍団、鰻軍団、蟹軍団、亀軍団、蜘蛛軍団……などが全面戦争をくり広げるわけだが、そのビジュアルを想像すると凄まじく、肝をつぶして逃げ出したくなる気持ちもわかる。

思うに、ヌシたちが眷属を率いて戦うシーンの描写は、中世（鎌倉・室町時代）から近世（江戸時代）にかけて流行した異類合戦物の文芸の影響があるのではないだろうか。軍記物のパロディである異類合戦物の作品では、鳥獣魚虫草木から非生物にいたるまで、ありとあらゆるものが両陣営に分かれて、派手に戦いをくり広げる。この分野については、伊藤慎吾の著作にくわしい（※33）。

ヌシ同士が争う話では、合戦場面の騒々しさと、戦後の池や淵の静けさが、良いコントラストを生んでいる。いまや戦場ヶ原も環境保護の対象地になっているのだそうな（※34）。戦い済んで日が暮れて兵《つわもの》どもが夢のあと、なのだ。

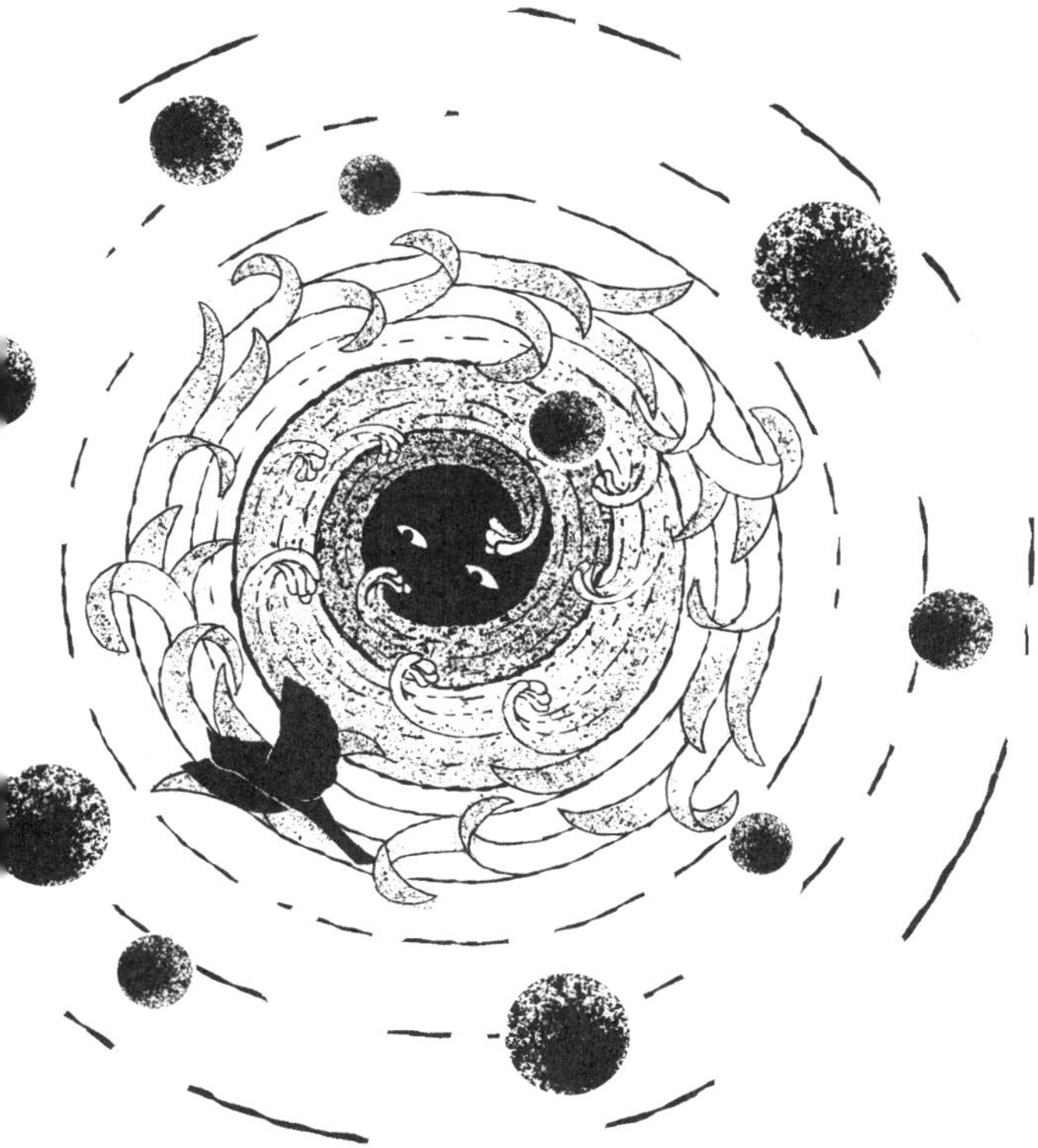

# 第八章
# ヌシが人になる

# 物食う魚

ヌシはしばしば人の姿になって現れる。圧倒的に多いのは若い女性の姿だが、若い男性の姿の場合も少なくない。で、だいたい、美男美女である。老人の姿や、子どもの姿で出てくることもあり、その場合は神秘的でこの世ならぬ雰囲気を漂わせている。要するに、老若男女すべてのパターンがあるわけだが、中年の男女の姿のヌシは少ない。これは中年世代の見た目が美観に乏しいからではない。神仏でも妖怪でも、中年男女の姿で現れることはまれなのだ。神仏も妖怪も、社会的なマイノリティーの姿で現れる傾向がある。

この章の題は「ヌシが人になる」としたが、ヌシがほんとうに人間になるわけではない。わけあって、ヌシが一時的に人の姿に変身した例である。なにゆえに、ヌシは人の姿に変じたのか。理由のひとつは、魚介の代表として、人間たちに意見するためである。

昔話・伝説に「物食う魚」という話がある。要約すると、こんな話だ。

**むかし、魚がたくさんいる沼があった。ある夜、若者たちが集まって相談し、効率よく魚を捕るために「毒流し」をすることに決めた。文字どおり、沼に毒を流し、魚**

を殺して捕るのである。

すると、その場に和尚がひとり現われて、「漁をするのはかまわないが、魚を皆殺しにする毒流しはやめてほしい」と訴えた。しかし、若者たちは聞き入れず、和尚に串団子をふるまって、その夜の集まりはお開きになる。

翌日、毒流しは決行されて多くの魚が死に、水面に浮かび上がった。そのなかに巨大な岩魚がいた。「これは大物」と、若者たちが岩魚の死骸を上げて腹を裂くと、中から前日の集まりでふるまわれた串団子が出てきた。あの和尚は、ヌシの岩魚が化けた姿だったのだ。


全国的に報告例の多い話である。右の要約は『日本昔話大成』に典型例として挙げられた宮城県白石市に伝わる話で[※1]、ヌシの正体は岩魚となっている。江戸時代の『想山著聞奇集』（三好想山、一八五〇年）でも岩魚が僧に化けているほか（現在の岐阜県恵那市の話[※2]）、水木しげるも「岩魚坊主」の名で妖怪化している。そのため、岩魚の印象が強いが、『日本昔話大成』には、岩魚のヌシは右に挙げたほかに岐阜県の一例しかない。事例を列挙すると、山女《やまめ》が三例（愛媛県、静岡県、山梨県）、鰻が三例（すべて岩手県）、鯰が一例（和歌山県）、鱒が一例（岩手県）となっている（もちろん、『日本昔話大成』に載っていない話もある）。

ヌシになる魚の種類はさまざまだが、話の展開上、食用になる魚のヌシでなければ言い分に説得力がない。だから「物食う魚」のヌシに、蛇や龍は少ない。ただ、岐阜県にはカオロ（水の妖怪。河童のようなもの）が僧に化けたという珍しい話が伝わっている[※3]（「ガオロ」のことかとも思われるが、原文が「カオロ」となっている）。

　実際に「毒流し」という漁法はあり、世界中でおこなわれていた。むろん、山椒など人体に無害な毒が使われる。江戸時代の会津の奇談集『老媼茶話』（三坂春編、一七四二年）[※4]や『岩手郡誌』[※5]に載る「物食う魚」の話でも山椒が使われている。しかし行き過ぎると、健康被害や環境破壊につながる恐れがあるため、日本では戦後、禁止された。

『想山著聞奇集』より「岩魚坊主」（国立国会図書館蔵）

　先人たちも、この漁法の危険性を本能的に察知していたのだろう。先ほどの宮城の例でも、ヌシの岩魚は、魚を捕ること自体はかまわないとしながらも、毒流しは中止するように求めている。原文を引用すると、「魚をとるのもええが毒を入れてみな殺しにするのはやめなせえ」。これは「物食う魚」の話全般に見られる考え方である。人が食べるぶんを捕るのはかまわない。しかし、毒を流せば、稚魚や食用に適さない魚介類まで死なせてしまう。これが規《のり》を超えた行為だと見なされたのだろう。ヌシがエコロジーと結びつくのは、こういうケースである。

また、この話で、毒流しを決行したのが若者たちだった点にも留意すべきである。そして、毒流しの中止を求めたのは、老成した和尚だった。世代間のギャップ。旧習を改め、新風を吹き込ませようとする若者たちの発想は、頼もしい一方で、時として危険なものだ。

もっとも、こんな例もある。香川県大川郡大川町（現在のさぬき市）の田面次郎池のヌシの大鯰は小僧に化けているが、[※6]この話の漁法は毒流しではなく、鵜飼いである。この漁師（いわゆる鵜匠）は、よその土地から流れてきて鵜飼い漁を始めようとしていた。ヌシはその前日に現れて鵜飼い漁をやめさせようとした。新しい漁法に対する拒否反応である。

さて、毒流しのあと、若者たちはどうなったのか。多くの話では、ヌシの死を悼み、みずからの行為を恥じて反省するところで終わっているが、祟りを被った例もある。岩手県九戸郡軽米町の話では、若者たちは毒流し（「ナメをかける」と表現されている）の決行後、祟りに遭い、次々と病気になったり怪我をしたりしており、[※7]東京都西多摩郡の話でも、腹痛を起こしている。[※8]なお、前者のヌシは大鰻、後者のヌシは大岩魚だった。

「物食う魚」の話ではないが、毒流しに抵抗したヌシたちもいた。奈良県吉野郡十津川村には、滝で毒流しをすると必ず夕立が起こり、捕った魚が流されてしまうという伝承がある。[※9] これはヌシのナガモノ（蛇）が魚を取り戻すためだという。また、和歌山県日高郡みなべ町には、毒流しで捕った大鰻を食べた人が、祟りに遭って死んだという話がある。[※10] 滝壺に棲んでいたその大鰻はヌシで、二匹いたうち一匹は難を逃れている。昭和初期の話だそうだ。

## 干拓事業とヌシ

柳田國男に「魚王行乞譚」という論文がある。[※11] 柳田のいう「魚王」とは「物食う魚」に登場するような巨大な鰻や岩魚のことで、いわゆるヌシである。たしかに一連の話のヌシたちには、危険をかえりみず一族の代表として人間と交渉し、みずからの領分を守ろうという責任感、使命感が見て取れ、「魚王」と呼ぶにふさわしい。いまどき、人間界にもこんなリーダーはいない。

それなのに、食べ物（団子、餅、粟飯など）に篭絡《ろうらく》されて交渉に失敗し、一族全滅の憂き目にあうのは何事か、と思われるかもしれない。しかし、それはやはり魚族ゆえの限界というものだろう。目の前に現れたエサには、本能的に食いついてしまうのだ。

　このあたりの心理が、江戸時代の奇談集『宿直草《とのいぐさ》』（荻田安静、一六七七年）所収の「智ありても、畜生はあさましき事」という話に描かれている。(※12) この話では、釣られるのは魚ではなく狐だが（狐をわなにかけることを「釣る」という）、筋は同じだ――むかし、京に、狐を釣るのが上手な浪人がいた。乱獲のあげく、このあたりの狐はとうとう古狐一匹だけになってしまった。古狐は一族の長だった（台詞のなかに「（浪人が）我が眷属おほかた釣り、我のみ残れり」とある）。たまりかねた古狐は、老婆の姿に化けて、僧のもとを訪れ、これ以上、狐を釣るのをやめるよう、浪人に頼んでほしいと懇願した。僧は快諾し、交渉役を買って出る一方で、古狐にこう尋ねた。以下、僧と古狐の会話（意訳）。

「ふしぎなのだが、わなにかかると知っていながら、どうして避けないのだ？　気をつけていれば、わたしに頼むまでもなかろうに」

「そうは思っているのですが、いざエサを見たら迷ってしまって、我慢できなくなるのが、畜生のあさましい性《さが》なのです」

　この古狐の言葉に尽きるだろう。僧は、古狐との約束を守って、浪人のところに交渉に行くが、外出中で会えず。翌日は来客があって行けず。結局、僧が浪人のところに行ったのは、古狐が釣られたあとだった。やはり畜生の性には逆らえなかったのだ。僧は後悔し、「わたしが殺したのも同然だ」と落涙するのだった。

狂言「釣狐」はこの話と同じ内容で、[※13]老狐は白蔵《はくぞう》主《す》という僧に化け、人間と交渉を試み、やはり失敗している。『絵本百物語』（桃山人、一八四一年）には、竹原春泉斎の手による白蔵主の図があり、[※14]後年、水木しげるが妖怪図鑑に載せたので、ご存じの方もいるかもしれない。ただ、『絵本百物語』の話は『宿直草』や「釣狐」とは少し違っているのだが。

ヌシの交渉内容は、乱獲の中止ばかりではない。埼玉県大宮市と浦和市[※15]（現在のさいたま市）[※16]には、江戸幕府の干拓事業に物申したヌシの話がある。このヌシは龍だった。主人公の井沢弥惣兵衛（一六五四～一七三八）は実在した治水家で（身分は旗本）、徳川吉宗の命で、見沼（現在のさいたま市見沼区）の干拓をおこなった。以下、要約すると……。

『絵本百物語』より「白蔵主」（国立国会図書館蔵）

ある夜、工事の準備を進めていた弥惣兵衛のもとに、美しい女が訪ねてきた。女は、
「わたしは見沼の龍神です。この沼を干されてしまうと、棲むところがなくなってしまいます。お願いですから、新しい棲みかを見つけるまでのあいだ、工事を待ってもらえないでしょうか。九十九日間だけでいいのです」

そう言い終えると、女の姿は消えていた。弥惣兵衛は、このことは誰にも語らずに、工事に取り掛かったが、一向にはかどらない。そうこうしているうちに、弥惣兵衛は病に倒れてしまった。

すると、伏せっている弥惣兵衛の枕元に、例の女が来て、「病を治す代わりに、先日の願いを聞いてほしい」と言う。それから、弥惣兵衛の病はどんどん良くなっていった。

しかし、家来が襖のすきまから部屋の中をのぞき見ると、口が耳元まで裂けた蛇身の女が、弥惣兵衛の体をなめまわしていた。

以下の展開は省略するが、さまざまな変事は起こるものの、結局、干拓は成功した。

あらためて、ヌシが人間の姿になる意味を考えてみよう。これらの話のなかのヌシたちは、人間よりも劣位に立たされている。最初から下手《したて》に出て、自分たちの苦境を訴え、人

間の下した決定を覆すよう懇願するのである。祟りがある場合でも、それが発動されるのは一族が滅んでしまったあとだ。見沼の龍神も、干拓で棲みかを失うこと自体は受け入れていて、移住するための猶予期間が欲しいと訴えている。

総じて、「物食う魚」系の話に登場するヌシたちは、理知的ではあるが弱く、おとなしい。棲みかを破壊しようとする人間たちにたいして、力をもって抗わず、話し合いで解決しようとする。強いヌシであれば、人の姿になって交渉などするまい。ヌシ本来の姿で現れ、雨を降らせて雷を落とし、山を崩し川を氾濫させて人間たちに鉄槌を下したであろう。

ヌシが人の姿になるということは、一面では、人間界へと取り込まれることを意味している。さらにいえば、ヌシが人語を話すこと自体、人間界のフレームに入れられているともいえよう。これは人がヌシ＝自然を統御できるようになったことの表れである。人とコミュニケーションを取り始めた瞬間から、神性の矮小化が始まっているのである。

## ヌシと暮らす

ヌシが人に変身する理由もさまざまだが、そのなかでも報告例が多いのが、人間の男女と結婚するため、である。いわゆる異類婚姻譚で、蛇のヌシの例が多いが（「蛇聟入」、「蛇女房」）、ほかの動物の場合もある。やはり水棲生物のヌシの例が多い。

これら話については、第五章で述べたのでくり返さないが、少し気になる例もある。それは人間に変じたヌシが、一定期間、人間の家庭に入って生活をしていた例だ。通常、異類聟の話の場合、結婚以前に正体がばれて破談になるし、異類女房の場合も出産をきっかけに正体がばれて、夫婦生活が破綻する。しかし、次の例は違う。以下、岩手県胆沢郡前沢町（現在の奥州市）に伝わる話を『民話の平泉』から引用する。[※17]

**昔、白山の里に掃部長者という大金持ちがありました。ある年塩釜から、貧しい家の娘が売られて来ました。なにしろ掃部長者は大金持ちですから、人買いも北上川を舟でやってきます。だから長者の座敷には、たくさんの下男や下女が働いていました。さて、長者の女房は、意地の悪い蛇の精でした。**

どうして、蛇が人間の女に化け、長者の女房に収まっていたのか。ことのいきさつが書かれていないので、皆目、見当がつかない。ただ、このあとの展開から、長者が、自分の妻が蛇だとは知らずに日々を過ごしていたことがわかる。

話の続きはこうだ――長者の女房は、塩釜から来た娘の信心深さを忌々しく思っていた。ある日、女房は、とんでもないことを思いつく。北上川をせき止めて、あたり一帯を湖にしてしまおうと考えたのだ。結局、企ては娘によって阻止されて、女房の正体もばれた。女房は姿を消し、長者は娘に大金をあたえて、郷里に帰らせた。はっきりとは書かれていないが、この蛇女房はヌシとみて間違いない。それにしても、悪意に満ちたヌシだ。

それにくらべると、静岡県富士宮市の長者ヶ池（田貫湖）のヌシは健気である[※18]――むかし、ある長者夫婦が村の氏神さまに子授けの祈願をしたところ、かわいい女の子を授かった。女の子は長者夫婦に深く愛され、美しく賢い娘に成長した。しかし、成長するにつれて、物思いに沈むようになった。ある日、池を見たいというので連れて行くと、突然、娘は池に飛び込んだ。従者が驚いていると、波間から龍が姿を現した。以下、娘の言葉の引用――「私はもともとこの池にすむ龍だったのです。それが人恋しさのため、長者の娘に姿を変えて生活してみましたが、結局はこの池に帰らねばならぬ運命でした。皆さまにはよくよくお世話になって、申しわけないが、どうか長者どの夫婦には宜しくお伝えください」。悲嘆にくれた長者夫婦が、娘の布団を上げに行くと、金色の鱗が残されていたという。

この話のヌシも、人間の家族の一員として収まっていた。昔話や伝説には「〇〇長者」という話が多い。庶民にとって「長者」というのは謎多き存在だった。高い壁の向こう側は一種の異界であり、そこに住む人たちもまた、異界の住人として見られていたのだろう。
以下、鳥取県気高郡青谷町（現在の鳥取市）には、種が池（多鯰ヶ池）の由来譚[※19]の要約。

**むかし、長者の家に、お種という娘が女中奉公に来た。お種は働き者で気立てもよく、みんなの人気者になった。**

**あるとき、池のなかにある島に柿がたくさんなり、みんな採りたいと思ったが、行くことができない。すると、お種が「わたしが採ってきますよ。でも、ついてこないでくださいね」と言って出ていき、ほんとうに柿を採って帰ってきた。翌日もその翌日も、お種は柿を採ってきた。ふしぎに思った若衆があとをついていくと、池のほとりに、お種の服が置いてある。そこへ蛇が泳いできて陸に上がり、お種の姿に戻った。**

**正体を見られたお種は、みなに別れを言い、去っていった。お種を祀った弁天様は、いまも池のほとりにある。**

この話の蛇は、長者の家で奉公をしたのちに祀られている。蛇が昇天して龍になるには、人間界で修行をしなければならないというから（第五章参照）、おそらくは修行中だったと思われる。その後のことは書かれていないが、働き者のお種さんのことだから、無事、昇天できたにちがいない。

これと似た話が、三重県桑名郡多度町（現在の桑名市）にもあり、池のヌシが松阪の禰宜《ねぎ》の娘に変身して暮らしていた。[※20] このヌシは以前、大坂（現在の大阪市）で雇われていて、家の娘の病気を治したという。やはり人間界で修行中だったとみえる。

新潟県中頸城郡妙高村（現在の妙高市）にも似た話がある。[※21] ある大旦那のところで奉公をしていた働き者で器量よしの娘が大蛇だったという内容だが、先の話と違うのは、暇《いとま》乞いをした娘が、旦那からもらった土地に水をためて池とし、みずからヌシになったという点である。蛇はヌシになるために人間の屋敷で奉公をしていたのだ。この池からは機織りの音がするといい、機具池と呼ばれるようになった。しばらくのちに、この娘が旦那の家にお礼に来た際（律儀なヌシだ）、座っていた座布団がぐっしょりとぬれていたという。

それにしても、ヌシが自分の棲む池を造ったというのは珍しい。その逆に、ヌシが去ったため、池（「かなばち池」という名前）も消えたという話なら新潟県両津市（現在の佐渡市）に伝わっているが。[※22]

## タクシー幽霊とヌシ

さて、機具池のヌシの話の「娘の使った布団はびっしょりと水でぬれてたとさ」（原文）という箇所は、正体が水棲生物であるのを暗示させるモチーフである。たとえば、群馬県碓氷郡下野尻村（現在の安中市）の話では、問答上手な若い坊主の座ったあとがぬれていたことから、正体がヌシ（緋鯉）だったと知れるという展開になっている。[※23]

ここから連想されるのは「タクシー幽霊」の話だ。プロットを取り出すとこうなる。

(1)　**夜の町を流していたタクシーが、若い女を乗せる**（場所は、墓地であることが多い）。

(2)　**女が行き先を告げ、タクシーが走り出す。**

(3)ａ　**運転手がバックミラーで後ろを見ると女は消えていて、シートがぬれていた。**

ラストについてはもうひとつのパターンがある。すなわち……。

(3)ｂ　**目的地の家に着いた女が「財布を取ってくるので、ここで待っていてほしい」**

**と言うので、運転手は車を停めて待っているが、いつまで経っても戻ってこない。**
**運転手がその家の玄関先まで行くと、その女の通夜をしているところだった。**

世界的に報告例がある話で、アメリカの都市伝説「消えるヒッチハイカー」が同内容だが、日本にはヒッチハイクの習慣がないので、タクシー怪談となっている[※24]。台湾の話では、女はお金を払ってタクシーを降りるが、そのお金が銀紙（冥銭。死者が使うお金）だったことから、幽霊だったとわかるという展開になる。ハワイの話では、女の正体は幽霊ではなく、女神ペレだったという展開になる。細かいモチーフにお国柄が現れていて面白い[※25]。日本の「タクシー幽霊」は、(3)のモチーフに独自性があるようだ。(3)bの展開ならば女の正体は幽霊以外に考えられない。それでは(3)aのモチーフならばどうだろう。この展開では、消えた女の正体が幽霊かどうかはわからない。

この点については、堤邦彦が、興味深い説を唱えている[※26]。堤は、松谷みよ子編『現代民話考』に載る話[※27]――人力車に乗った女が、三宝寺池（東京都練馬区）のところで車を停めさせて池に飛び込み、大蛇の正体を現した。代金は、鱗に変わっていた――を紹介したのち、これが江戸時代の寺院縁起、高僧伝の変異形であると説いている。非常に説得力のある説である。

堤は「水精」という表現を使っているが、おそらく、ヌシだったのだろう。先ほどの富士宮市の長者ヶ池の話のように、ヌシが鱗を残して去るという話は多い。たとえば、群馬県北群馬郡榛東村の話では、狩人がヌシを撃ったあと、二枚の鱗が残されていたという。[※28]

移動するヌシを人間が手伝った話もある。次に紹介するのは、新潟県南魚沼郡塩沢町（現在の南魚沼市）の話の要約。[※29] 後半の展開が「タクシー幽霊」に類似する。原題は「巻機山の神」だが、内容からは女の正体はわからない。ただ、機織りをしていたという点から、ヌシの仲間であることがうかがえる。

**むかし、巻機山で山仕事をしていた弥治右エ門という百姓が、帰りに道に迷っ**

三宝寺池（練馬区提供）

て、日が暮れてしまった。夜の闇のなか、灯りが見えたので行ってみると、荒れはてた家に、美しい女がいて、機織りをしていた。一夜の宿を乞うた弥治右エ門に、女はこう言った。

「わたしも里に下りたいと思っていたところです。案内をしますので、わたしを負ぶって下りてくださいませんか。その代わり、ふり向いて、わたしの姿を見ないでください」

言われたとおり、弥治右エ門は女を負ぶって山を下りていたが、いよいよ村の灯りが見えたところで、つい横目で見てしまうと、女の姿は消えてしまった。

ヌシが人に送ってもらう話はほかにもある。たとえば、長野県下伊那郡下條村には、老人が道に迷っていた娘を負ぶって池まで連れて行ったところ、じつはヌシ（蛇）で、正体を現して池に飛び込んだという話がある(※30)。このヌシはお礼に美しい扇子をくれたという。

また、茨城県稲敷郡美浦村の話では、雨の降る夜、農家の男が、道に迷っていた安中池のヌシ（娘の姿をしていた）を淵まで送っている。ただし、負ぶったわけではない(※31)。このヌシは途中まで送られると、「もう道がわかったからいいですよ」と告げて、礼を言って別れたという。その際、ヌシは「無事に着いたら、明日、雷を鳴らして知らせますね」と言った。翌日、ほんとうに雷が鳴ったので、男は「無事に着いたんだ」と喜んだ。この男はのちに、裕福になったという。

　ヌシの道案内をした結果、地域が救われたのは東京都町田市の話。天保七年（一八三六年）、降り続く長雨で薬師池の堤防が決壊しそうになったときのこと。弥兵衛という農民が、夕暮れ時に、蛇の目傘を差した美しい娘に、「由木の長池へはどう行けばいいんですか」と聞かれる。弥兵衛が道を教えると、娘は礼を言ったのち、去っていった。弥兵衛がふり返ると、大蛇の姿になっていたという。この娘はヌシだったのだろう、薬師池の堤防の決壊は免れたという。ヌシが引っ越しをする話は多いが（第六章参照）、人間のために池を移るのは珍しい[※32]。

　福井県福井市の話は、少し込み入っている[※33]——むかし、雨の夜に、ある男が、漆が淵のあたりを通ると、若い女がたたずんでいる。女が「武周に行く道を教えてくれませんか」と言うので、送って行った。女はわきの下に鱗があり、大蛇になるために漆が淵に来たのだが、気に入らなかったので、武周ヶ池に行くのだという。無事到着し、女は「お礼に、毎日、鯛一匹と銭二十文を贈りますが、もしこのことを人に話したら七代祟りますよ」と告げた。結局、男は約束を破ってしまい、家が池に沈む憂き目にあう。

　従来、「タクシー幽霊」の古例とされてきたのは、江戸時代の『諸国百物語』（著者不詳、一六七七年）に載る話だが[※34]、民間伝承にも注目する必要がある。本来、女の正体は幽霊ではなく、水棲のヌシだったのではないだろうか。シートがぬれていたのはそのせいだろう。しかし、正体がヌシでは現代怪談にそぐわないので、幽霊となったと思われる。だから「タクシー幽霊」ではシートがぬれていた理由を、入水自殺か水難事故に求めることが多い[※35]。

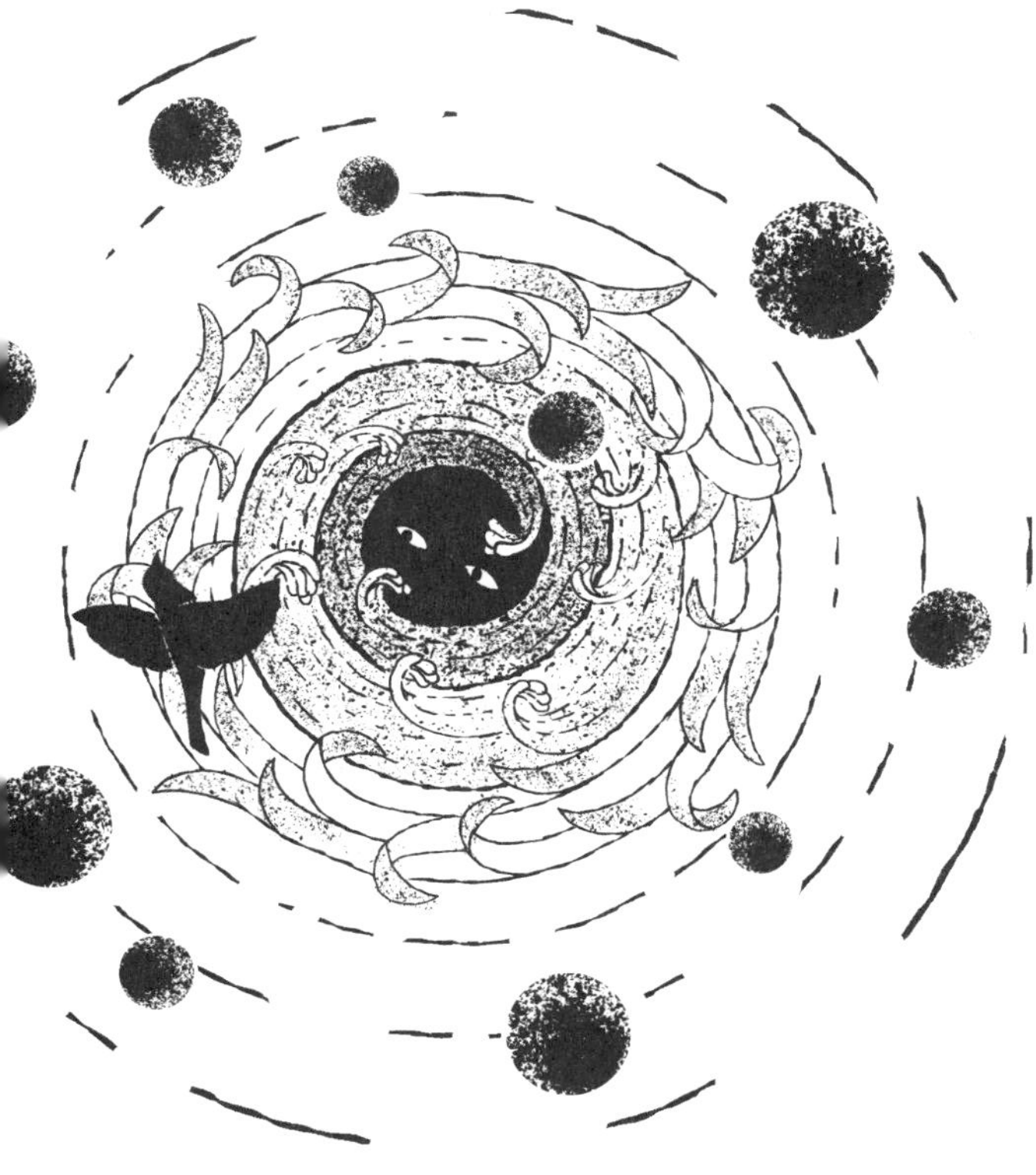

# 第九章 人がヌシになる

# ヌシになった人

前の章では、「ヌシが人になった話」を紹介した。しかし、ほんとうにヌシが人間になったわけではない。何らかの目的で、一時的にヌシが人間に変身していただけである。しかし、この章で取り上げる「人がヌシになった話」はそうではない。人として生まれ育ち、生活をしてきた人が、運命のいたずらか、人としての生を全うせずにヌシになった話である。どうして、そのような事態になったのか。どういうとき、人はヌシになるのか。

次に引用するのは、富山県下新川郡朝日町に伝わる、七郎右衛門淵の由来である。(※1)

**笹川の上流の滝壺に、七郎右衛門淵という処がある。昔この村に、七郎右衛門というまじめな猟師がおった。**

**或日のこと、いつもと同じ山仕事をして、一休みした。滝壺へおりて水を一ぱいゴクンと飲んだ。そしたらどうしたことか、又水が欲しい、いくら飲んでも、いくら飲んでも、のどのかわきが止まらない。七郎右衛門はどうと、その滝壺に口をつけて水を飲んでいると、体がいつのまにか大蛇になってしもうた。その滝壺の主になってし**

もうた。

その主は、それから毎年、この村の旦那寺の報恩講になると、詣りにくるのだという話が伝わった。そして寺の本堂の隅の畳が毎年水に濡れたように、あとがついているという話である。

七郎右衛門の淵というのは、こんなわけで近くのどの村の人も知っておるということだ。


最後の「畳が毎年水に濡れたように」跡がついていたというのは、「タクシー幽霊」の話と同じ（第八章参照）。異類が寺社詣でをするのもよくある話で、千葉県市川市の法華経寺には、池の霊（ヌシかは不明）が僧の説教を聞きに来たという話がある（『法華経寺縁起』[※2]）。

法華経寺

この話の猟師は、どういうわけか、ひたすらのどが渇き、水を飲んでいるうちにヌシ（大蛇）になってしまった。これは人がヌシへと変ずるときの典型的なパターンだ。おそらくは、この滝壺が聖域だったのだろう。主人公は「まじめな猟師」だったというから（寺社詣でもしているし）、悪気はなかったのだろうが。

山形県新庄市に伝わる話では、与蔵という若者が山中の沼に釣りに出かけ、ふしぎな赤い魚を食べたあと、無性にのどが渇いて水を飲んでいるうちに、耳の生えた大蛇になっている[※3]。心配して迎えにきた母親に向かって、「おっ母さん、おれな赤い魚喰ったらば喉乾いでよ、あんまり水飲みすぎで、こげた《こんな》大蛇の姿になってしまい」（原文）と訴え、もう、自分を迎えに来ないでほしいと話している。哀切なやり取りである。このあと、与蔵は沼のヌシになって水を守るようになり、この沼は「与蔵沼」と呼ばれるようになったという。

この赤い魚は何だったのだろう。関連がありそうな話に、人魚を食べて不老不死になった八百比丘尼の伝説や、同じく、九穴《くけつ》の貝（鮑《あわび》）を食べて不老不死になった常陸坊海尊の伝説がある。八百比丘尼も常陸坊海尊も、奇妙なもの（海産物が多い）を食べたことにより、生きながらにして人間とは異なる何かになった。同じように、七郎右衛門も与蔵も、死というプロセスを経ずに、生きながらにしてヌシになったのである。

男性の例をふたつ紹介したが、ヌシ伝承全体を見渡すと、女性がヌシになった例のほうが多い。山形県西置賜郡には、猟師の妻が、夫の仕留めた大蛇の肉を食べて、ヌシになった話が伝わっている。[※4]この妻も無性にのどが渇いて、最初は台所の水を飲んでいたが、それでは足りなくて堀へ行って水を飲み、それでもまだ足りないので、川の水を飲んでいたところ、ついに大蛇になってしまった。そして、大蛇になった妻は、みなに別れを告げて旅立ち、のちに大里峠に棲みついてヌシになったという。

群馬県利根郡利根村（現在の沼田市）には、赤堀道元の娘がヌシになった話が伝わっている[※5]――むかし、道元の娘が、駕籠《かご》に乗って沼に行った。「水を飲みたい」と言うので駕籠を下ろすと、娘は沼に飛び込んだ。その後、娘は大蛇の姿になって沼から現れ、「こんな姿になったので、帰ってほしい」と言った。以来、赤堀家では、四月八日にお強《こわ》や煮しめを入れた重箱を沼に流すようになった。重箱は沼の中央で沈み、やがて空になって浮かび上がるという。また、十六歳の娘を沼に連れて行かなくなったともいう。

異伝の多い話で、群馬県内の広域に同工異曲の話が伝承されている。この沼もいわくありげだが、この赤堀家は、大百足退治の俵藤太（第一章参照）の末裔で、大蛇の血を引いているという。この娘の場合、もともとヌシになる素質はあったのだ。

聖域の水を飲んだり、変なものを食べたりしてヌシになったのは、人間側に問題があったわけだが、なかには、ヌシに魅入られて、向こうの世界に行ってしまったと思われる例もある。

千葉県長生郡長柄町の話では、機織りをしていた娘が、のぞき見をしている蛇が気になって外に出て行ったのち、そのまま自分も蛇になっている。(※6) 石川県金沢市の話では、重病の娘に医王山の池の水を飲ませたところ回復するが、のちに蛇になり、池のヌシに嫁いでいる。(※7) 新潟県小千谷市には、川のヌシに見込まれた娘が蛇になるという俗信があり、その場合、川に入れた手ぬぐいが流れないとのこと。(※8)

以上は、心ならずもヌシになった例だが、なかには、こんな例もある。田沢湖（秋田県仙北市）の辰子姫伝説(※9)——むかし、辰子という娘が、永遠の美貌を観音に願ってお百度参りしたところ、ひたすらのどが渇いて泉の水を飲み、ヌシ（龍）になったという。永遠の美貌を得る＝ヌシ化するという意識が、辰子にあったかどうかは定かではないが。

## ヌシになる方法

人がヌシになるのには共通のきっかけがある。ならば、そのきっかけを意図的に作れば、みずから進んでヌシになれるはずだ。厭世願望の強い人なら、どこか遠い山奥の池のヌシになり、のんびりと悠久の時間を超えていきたいと思うのではないか。ひまなときは機織りをしたり琵琶を弾いたりすればいいし、飽きたらべつの池に引っ越せばいい。悪くない生活だ。

各地の例を見るかぎり、ヌシになる方法は大きく分けてふたつある。

ひとつは、ヌシの棲む池や沼の水を飲む、あるいは、禁じられたものを食べることである。もっとも、これはタブーを破って祟りを受けているのであって、命の保証はない。和歌山県日高郡みなべ町(※10)や、福島県郡山市(※11)、新潟県西頸城郡名立町（現在の上越市）(※12)などには、ヌシとおぼしき大魚（鰻や鯉など）を食べて命を落とした人の話が伝わっている。

もうひとつは、受け身な方法だが、ヌシに魅入られることである。ヌシの棲む池や沼に行ってわが身を晒《さら》せば、ヌシに気に入られて連れていかれるかもしれない。ただし、容姿に自信のある方にかぎる。ヌシは例外なく、面食いなのだ。

そして、ここが重要なのだが、いったんヌシになると、もう人間には戻れない。ヌシになった人の多くは、自分がもとの姿に戻れないことを悟り、親族に別れのあいさつをしている。人間の姿に戻れないということは、人間の世界に戻れないということだ。

ところが、ヌシになった人の話を読んでいると、動機の定かでないものも多い。次に引用するのは、長野県南佐久郡臼田町（現在の佐久市）に伝わる双子池の伝説。(※13)後半の展開が椀貸し伝説（第三章参照）に似ている。

蓼科山中に二つの池が並んでいる。これを双子池といっている。むかし切原の上小田切に十三歳になる美少年があった。蛇の絵が好きで、寺子屋へ行っても、蛇の絵を描き「双子池の主になる」とかくほかに勉強はしなかった。ある日、急に少年の姿が見えなくなった。驚いた家の人は方々を探した末、もしやと思って、双子池まで来てみると、一足の雪駄がぬぎすてられてあった。「頼むから姿を見せてくれ」と願うと、静かな水面が泡立って、池の中央から若衆髷にむすんだにこやかな少年があらわれて、まもなくかくれた。二度願うと、よい顔をしないで姿をあらわした。三度目に願うと、黒雲を巻きおこし、水を吹き上げながら、恐ろしい大蛇になってあらわれた。少年は、望みどおり、池の主になったのである。

その後、家人が願いごとを、手紙に書いて池に投げ入れると、何でもかなえてくれた。あるとき約束をちがえたら、その後はきかなくなった。昔は十五歳で元服したものだが、そのときから、その家では十二歳で元服するようになった。

同地に伝わるべつの話では、双子池の主になるのは娘で、やはり、かねてから「ヌシになりたい」と周囲に話していたという。[※14]娘が姿を消したあと、家族が心当たりのある双子池に行くと、水底に蛇の通った跡があったという。

興味深いことに、この伝説では、ヌシになったあとも、人間だったころの家族と交流が続いている。赤堀道元の娘もそうだった。やがて家族は亡くなるが、ヌシは基本的に不死身であり、家族の子孫と代々交流が続いていくことになる。そして、ヌシをめぐる家系伝承が生まれる。ヌシは特定の場所と結びつく一方で、特定のイエと結びつくことも多い。

岩手県遠野市の伝承では、淵のヌシに魅入られて水中に姿を消した娘の行方を問われた行者が、その家族に、ヌシに嫁ぐ「縁」を持って生まれてきたので、気の毒だが、もう娘は帰ってこないと告げる一方で、「生命には決して別条ある訳ではなし。今後は閉伊川一流の女王になっていることであろう。そして年に一度はキット家人に逢いに来ることでしょう」（原文）と話している。[※15]

また、静岡県磐田郡水窪町（現在の浜松市）では、おたかという女性が、水窪川の鳴瀬の淵のヌシ（大蛇）になった話がある。[※16]ヌシになったあと、夫の夢枕に立って、「鏡を忘れたから、持ってきてください」と話したという。鏡はたんなる化粧道具ではなく、呪具としても使われる。夫は淵に行って、ヌシになった妻・おたかに会い、鏡を渡したという。

こうした話が家系を超えて共有されると、地域の伝承になる。静岡県小笠郡浜岡町（現在の御前崎市）には、未来の世を救うために、みずから桜ヶ池に入水して大蛇になった僧の話が伝わっている。[※17] 弟子の望みで姿を現した僧は、鱗を残して去った。この鱗はお祭りのときに見せるのだという。

以上、みずからの意思でヌシとなった人の話を取り上げてきたが、それがほんとうに彼・彼女の意思だったのかという点については、いささか疑問が残る。桜ヶ池のヌシになった僧はともかく、双子池のヌシになったのは年端もいかない少年少女で、日ごろから「ヌシになりたい」と話していたというが、その時点ですでにヌシに魅入られていたのではないだろうか。鹿児島県曽於郡志布志町（現在の志布志市）のケースもこれに似ていて、お浪という娘がみずからの意思で池に飛び込み、大蛇に変じている。[※18]

高知県高岡郡四万十町には、鵜の巣の淵のヌシに魅入られた娘が、周囲の人の日夜の加持祈祷にもかかわらず、淵に身を投じて、蛇となった話が伝わっている。[※19] 青森県三戸郡階上町のホドロ沼に身を投じた娘のケースでは、のちにヌシのしわざとわかり、両親が復讐をしている。[※20] 山形県新庄市の話では、沼のヌシに魅入られた青年が、数年越しで追いかけられて（ほとんどストーカーだ）、追い詰められたあげく、最上川に飛び込んでいる。[※21]

これらの話の主人公たちは、本人は自分の意思で動いているつもりでいながら、じつはそれが人ならぬモノの意思である場合がある。まことに恐ろしい話だ。

## 幽霊かヌシか

これまで紹介してきた話では、ヌシになった人たちは、水に飛び込んではいるが、死んだわけではない。死というプロセスを経ず、生きながらにして、ヌシに変身したのである。人間とは異なる生のあり方へと転換したと言ってもいい。第一章で述べたように、生物は齢を重ねることによって、ふしぎな力を身につけ、死というプロセスを経ずに、べつの何かになることがある。それがヌシなのだ。

ヌシ伝承以外にも、生まれ変わりではなく、生きたまま人間がべつの生物になる話は多い。小鳥前生譚と呼ばれる昔話では、わが子を失った母親が、あるいは、弟を死なせてしまった兄が、亡き親族の名前を呼びながら野山を駆け回ったあげく、小鳥に変身している。そのときの相手の名は、人間の言葉でもあり、小鳥の鳴き声でもあった。たとえば、ホトトギスの由来譚では「弟恋し」＝「オトトコイシ」、カッコウの由来譚では「勝子」＝「カッコー」などである（動物由来の昔話は、性質的に神話・伝説に近い）。

ヌシ伝承に通ずる例を挙げると、高知県土佐清水市には、おかんという娘が、無実の罪を着せられて、海に突き落とされたとたん、鱶《ふか》に変じたという伝説がある。（※22）この場所は「おかん淵」と呼ばれるようになった。おかんが変身した鱶は、中村（現在の四万十市）まで泳いで行って暴れ、その土地を水没させたという。

鳥取県日野郡江府町に伝わる話では、失恋した侍女が淵に身を投じてヌシ（大蛇）になっているが、その後、淵が田野になると、ほとりの老樹に乗り移って名木となり、「蛇樫」として称えられたという。（※23）このケースでは、人間→大蛇→老木と、二度にわたって姿を変えている。この木を伐ろうとすると、祟りがあるそうだ。なお、松の老木はしばしば蛇にたとえられる。枝が湾曲し、樹皮が鱗状だからだろう。静岡県沼津市にあった蛇松《じゃまつ》線という鉄道の名は、これに由来する。千葉県市川市には、雨上がりに歩いていた人が、松の倒木だと思って腰かけたら、池のヌシだったという話も伝わっている。（※24）

しかし、そうした話がある一方で、水に飛び込んだ人が、いったん死んで生を終えたあと、ヌシになったという話も少なからずある。いわゆる、生まれ変わりである。

たとえば、山梨県都留市には「おなん淵」の伝説が伝わっている。（※25）後半の展開は椀貸し伝説（第三章参照）となっている。以下、要約。

**むかし、ある長者の家に、おなんという下女が奉公していた。おなんは働き者だったが、あるとき、主人にひどく叱責されたのを苦にして、淵に身を投げて死んだ。**

その後、淵のヌシにお願いをすると、膳椀を貸してくれるようになったが、ある人が、数を間違えて返したところ、貸してくれなくなってしまった。
いまでも、そのときの膳が、光照寺と、某家（あえて匿名にした）に伝わっている。

この話の場合、本文中に「死んだ」と書かれているが、べつの伝承では、下女はたんに「身投げした」としか書かれていない。実際のところ、おなんが死んでからヌシになったのか、死なないでヌシに変身したのか、あいまいである。

はっきりと死についてふれられているのは、福岡県朝倉郡金川村（現在の朝倉市）の話だ。嫁の虐待に耐えかねて沼に身を投げた姑が怨霊になり、嫁を取り殺したあと、ヌシになったという。よほど恨みが深かったのか、このヌシは道行く人にまで祟るようになったそうだ[※26]。茨城県那珂郡大宮町（現在の常陸大宮市）の「万石長者伝説」では、朝日姫という女性が、足を滑らせて転落して亡くなったあと、怨霊になり、さらには亀になっている（厳密にいうと、亀と姫の関連は不明[※27]）。

現世に思いを残して死んだ者の霊魂が、鳥獣魚虫草木に変ずる話は多い。水棲生物の例をあげると、平家一族の怨念が形を得たものがヘイケガニやイルカだとする伝説がある。

富山県新湊市（現在の射水市）の伝承では、姑に無実の罪を着せられて入水自殺した嫁が変じたのがハリセンボンだといっている（※28）。また、香川県大川郡引田町（現在の東かがわ市）には、悲恋の果てに死んだお仙という女性が変じてスズメダイという魚になったという伝承があり、ゆえにこの魚にはオセンゴロシの別名がある（これも異伝が多い）（※29）。こうした死者の亡魂がべつの生物に転生した話は、ヌシ伝承の生成する背景として指摘できよう。なお、房総半島（千葉県勝浦市）にも同様の伝承があり（※30）、「おせんころがし」という地名もある。現在では、心霊スポットとして有名になっているそうだ。

さかのぼれば、江戸時代の『伽婢《おとぎぼう》子《こ》』（浅井了意、一六六六年）に「妬婦《とふ》、水神となる」という話がある（※31）。タイトルどおりの内容で、顔も性格も悪い女房が、夫の言葉に腹を立て

おせんころがし

て宇治川に飛び込み、死んだあと、水神となっているが（夫の夢に現れた女房自身が「我、死して此の川の神となれり」と話している）、行動はヌシそのものだ。この女房（水神）は、橋のそばに潜み、若い男女がデートをしていると、波風を起こして邪魔をしたという。また、美女が橋を通ると邪魔をして、不細工な女が通っても何もしないというから、心底、性格が悪い。編者の浅井了意は、この話を宇治川の橋姫伝説と比較している。

しかし、なかには水に身を投げて死んだ人が、人の姿のままヌシになって、その場にとどまりつづける話もある。このタイプの話のヌシは、幽霊の一類である地縛霊と類似していて、事態をややこしくしている。

## 実話怪談のなかのヌシ

岩手県岩手郡雫石町には、こんな伝説がある[※32]――むかし、秋田から嫁入りした娘が、雪解けの季節に、習わしのため機織りに実家に帰る途中、のどが渇いて、国見峠（岩手と秋田の県境）近くの沼で体を休めた。睡魔に襲われた娘は沼に落ち、死んだとも、沼のヌシになったともいう。以来、梭《ひ》（機織りの道具）を背負ってこの峠を通る者は、娘の怨霊に祟られるそうだ。この話の場合、娘が死んだのかどうか、そしてヌシになったのかどうかも、はっきりしない。

このように、資料を読んでいると、河川沼沢に出るモノが、ヌシなのか幽霊なのか、判断に悩む例も少なくない。次に、静岡県清水市（現在の静岡市）の「乳母《うば》ケ池」伝説を引用する。[※33]

> 昔、この地にいた金谷長者の家の乳母が、子供をつれてこの池に遊びに来ていたが、あやまってその子を池のなかに落としてしまった。
>
> 乳母は申し訳なく思い、書き置きをし、自分も池に投じてあえなくなってしまった。
>
> 徳川時代の武士らが、祭りの八月ここを通りがけに「ウバヨ〳〵」と言って賽銭をまくとブク〳〵と泡が出た。今は池も小さくなった。
>
> その池は咳によいとのことでくみにくる人が多い。昔はよごれていたが今は少しはきれいだそうな。そばのお堂に乳母が琴を弾いている木像がある。

全国的に類話が多く、柳田國男も「姥ケ池」について記している。[※34]京都府亀岡市を流れる保津川の乳母ケ淵伝説は右の話とほぼ同内容だが、最後に、小雨が降る日には青い火が出て、保津橋の付近を飛び迷う、という展開になる。[※35] 江戸時代の奇談集にも似た話がいくつか載せられていて、鳥山石燕も『画図百鬼夜行』（一七七六年）に「姥が火」という妖怪画を描いている。[※36]

長野県埴科郡松代町（現在の長野市）の乳母ヶ池伝説は少し趣が異なっている[※37]――戦乱のさなか、敵勢に追いつめられた乳母が、主人の子どもを抱えて池に飛び込んで死んだ。乳母の怨霊は永くこの池にとどまって、さまざまな災いを起こした。乳母の霊を慰め、鎮めるために八幡の社を建てた。新潟県三島郡出雲崎町の姥ヶ井伝説も似たり寄ったりの内容だが、乳母は池や淵ではなく、井戸に飛び込んでいる。[※38] その霊が井戸にとどまっているのだが、こうなると、やはり「番町皿屋敷」のお菊さんの話に似てくる。

このように、河川沼沢に身を投げて命を絶った者の幽霊が、その場にとどまって、近くを通る者に災いをなす話は多い。東京都千代田区の「お玉が池」や[※39]、高知県安芸市の「お菊ヶ淵[※40]」、群馬県前橋市の「お虎ヶ淵[※41]」……等々。

『画図百鬼夜行』より河内国（現在の大阪府）の「姥が火」（国立国会図書館蔵）

これらの話の幽霊の行動は、ヌシのそれと大差ない。水辺の地縛霊とヌシは、社会における機能が似ているのだ。

現在、ヌシをめぐる話は、観光や地域の行事と結びついた場面以外では、語られる機会は少ない。しかし、ヌシの話が幽霊譚として語られているような例ならある。たとえば、愛知県東加茂郡下山村（現在の豊田市）に伝わっている話だ。[※42] 報告されたのは一九五七年で、戦後の話のようだ——滝淵という淵を工事のために埋めたところ、その責任者の家に、さまざまな怪異が起こったあげく、謎の出火で家が焼け、家系が絶えてしまった。以来、この家の井戸からは夜になると釣瓶《つるべ》をたぐる音がして、白い服を着た女が水を汲むのだという。この白い服の女は幽霊とも、ヌシとも受け取れる。

昨今流行の実話怪談にもヌシの話の末裔と思われる話がある。たとえば、釣り人の体験談を集めた『水辺の怪談』[※43]に載る「大イワナが手招きする禁断の滝壺」という話は、禁断の滝壺に入って釣りをした男の話で（栃木県の鬼怒川水系）、後半の展開が「タクシー幽霊」に似ている。この滝壺はかつて女性が自殺をした場所である点、そこが岩魚釣りの穴場でもあったという点にも、ヌシ伝承の面影がある。

民俗資料集から類話を拾うと、例えば、静岡県浜松市天竜区春野町の樽山の滝には、仲の良い姉妹が死後、岩魚に変じ、滝のヌシになったという伝説が伝わっている。[※44]『水辺の怪談』の大岩魚の話とよく似た話である。
同じく『水辺の怪談』に載る「磔《はりつけ》の松の下で車に霊が乗り込む」という話も、自殺の名所近くで釣りをした男が体験した怪談だが（静岡県の狩野川水系）、この男は鱸《すずき》を大量に釣っていて、やはりヌシ伝承との接点が見られる。

CSフジテレビの「実話怪談倶楽部」(※45)を視聴していると、ときおり、ヌシという語こそ用いられていないものの、内容的にヌシの話としてよいものに出くわす。わたしが見た例でいえば、城谷歩「魚留めの滝」（＃34）、田中俊行「溜池の怪」（＃38）、BEN「沼の子」（＃38）などがそうだ。このうち、「魚留めの滝」と「溜池の怪」の怪異主体は溺死者の霊であることが暗示されているが、「沼の子」に登場する謎の男の子は正体不明で、車に乗り込んでいる点も「タクシー幽霊」に通ずる。これらの話は実話をうたいながらも創作が入っている可能性もあるが、それにしても、ヌシの発想が生きていたのは間違いない。

このように、「人がヌシになる話」は、なかなか位置づけが難しい。その難しさは死というプロセスを経たヌシを、幽霊との関わりのなかでどう捉えるか、という点に尽きる。しかし考えてみれば、ヌシか幽霊かの二者択一を迫るのは、あまり意味のないことかもしれない。ヌシでもあり、幽霊でもある場合もあると考えたほうが、伝承の実態に即しているように思われる。

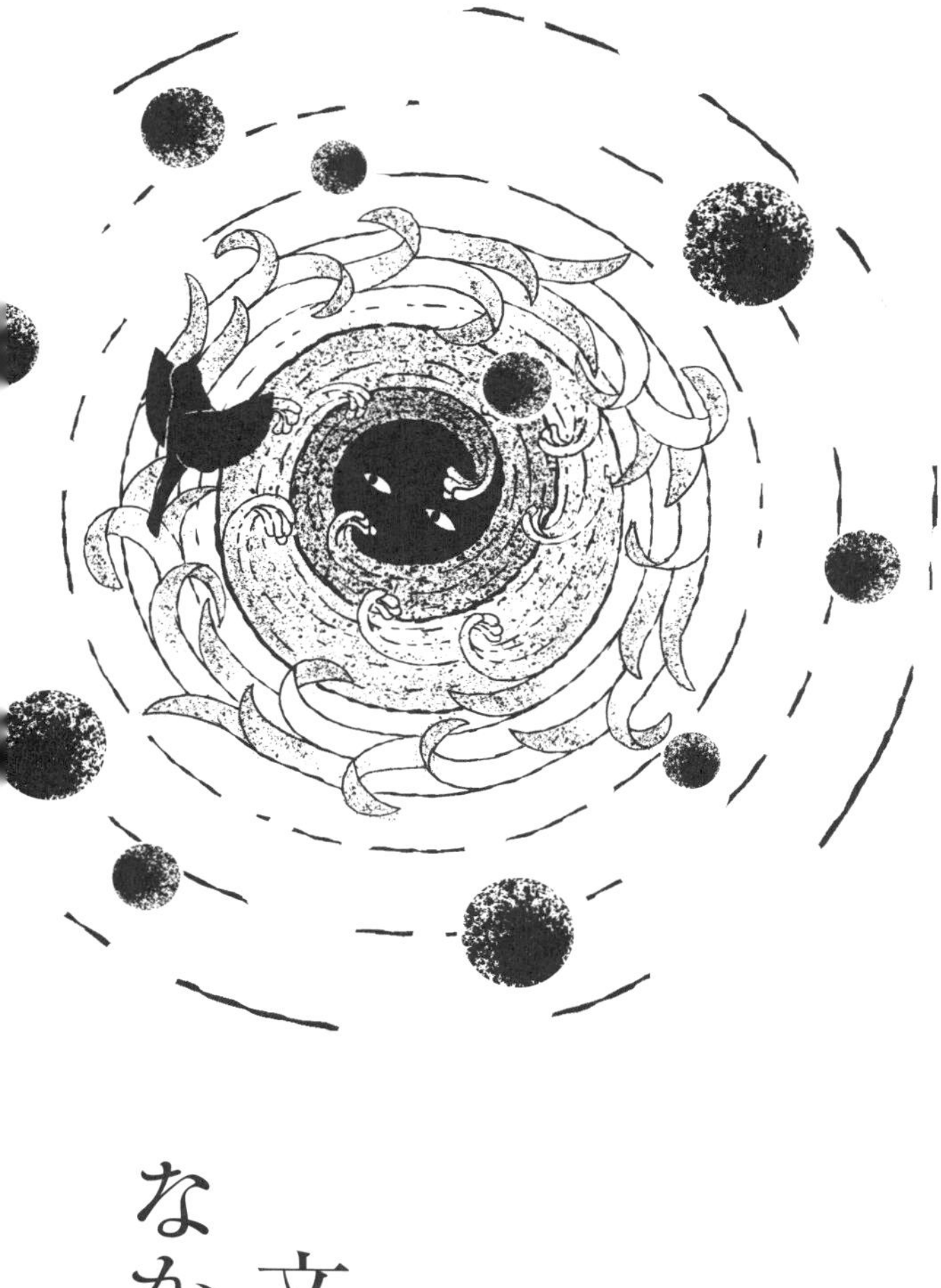

第十章

# 文学の なかのヌシ

# 『八郎』と八郎太郎伝説

この章では、ちょっと視点を変えて、ヌシを扱った文学作品についてふれてみたい。

斎藤隆介（一九一七～八五）という作家の名前を知らなくても、作品を読んだことがある人は多いはずだ。児童文学を専門とし、画家の滝平二郎と組んで、数多くの絵本を世に送り出した。代表作に『ベロ出しチョンマ』、『花さき山』、『モチモチの木』などがある。

『八郎』（初出は一九五〇年）は、斎藤の初期の名作で、秋田の八郎太郎伝説をもとにしている(※1)。小山ほどもある大男の八郎が、村を守るために津波と戦い、最後は海に消えていくという荘厳なストーリーが、秋田方言で力強く綴られている。八郎にはダイダラボッチのような神話上の巨人の面影がある。小学校の教科書にも採択されていた。わたくしごとになるが、四年生のときの担任の男性教員が東

『八郎』（斎藤隆介 作、滝平二郎 画、福音館書店）

北出身で、朗読が非常に上手く、方言に魅了されたのを覚えている。

　ただ、子ども心に疑問に思ったのは、ラストが八郎潟の由来譚となっていることである。大男が主人公の話なので、大岩や大木、山などの由来ならばイメージが湧くが、潟（海に面した浅い湖）の由来とは、どうにも結びつきにくい。

　この疑問は、後年、もとになった八郎太郎伝説を知って氷解した。『八郎』はあくまでも伝説に想を得た童話作品であり、ストーリーは斎藤のオリジナルである。童話は児童向けに創作された作品なので、当然、作家性が出る。一方、伝承文学である昔話・伝説には特定の作家はいないし、語り手の創意によるストーリーの改変は好まれない。だから、一般的に思われているほど、児童文学と伝承文学の相性はよくない。しかし、ここが重要なのだが、伝承文学でも、語り手が伝承に忠実であろうとしすぎると、話の面白さは死んでしまう。たとえストーリーの改変はなくても、語り口にその語り手の個性が表れる。創作と伝承は、一見、相反する行為のようでありながら、緊張関係をもって対峙している。

　では、民間伝承の八郎太郎伝説はどのようなものか。秋田県山本郡八竜町（現在の三種町）に伝わる話はこんな内容だ(※2)――むかし、八郎潟のヌシの八郎太郎が、一の目潟のヌシの姫を好きになり、毎晩、通っていた。ところが、姫のほうは八郎太郎の来訪に迷惑し、ある神主の夢枕に立ち、八郎太郎を追い払うようにお願いした。神主は姫の願いにしたがい、八郎太郎の片目を弓矢で射抜いた。以来、八郎太郎は来なくなったが、一の目潟の鮒《ふな》は、みな片目になったという。

　ヌシ同士の婚姻をめぐる話だが、同じ山本郡に伝わる話にも異伝が多い。幾筋もの伝承が絡まり合い、総体として「八郎太郎」の物語がイメージされている。八竜町のべつの伝承では、もともと八郎太郎は十和田湖にいたのだが、南祖坊という僧侶に敗れて八郎潟に来たことになっている（※3）。一方、山本郡琴丘町（現在の三種町）の伝承では、南祖坊に敗けた八郎太郎が、米代川を下って八郎潟にくるところまでは同じだが、その後の展開が「蛇聟入」（第五章参照）となっている（※4）。共通しているのは、よそからやって来た八郎太郎が定住した場所が八郎潟である点で、ヌシの引っ越しにまつわる話の一類ともいえる（第六章参照）。

　また、移動中の八郎太郎が泊まった宿にまつわる話も、秋田県秋田市（※5）や仙北郡協和町（現在の大仙市）（※6）、同郡角館町（※7）、西木村（ともに現在の仙北市）（※8）、本荘市（現在の由利本荘市）（※9）などにある。これらの話の八郎太郎は、宿泊を申し出た際には人間の姿だったが、主人に部屋をのぞかれて大蛇であることがばれている。

　八郎太郎の伝説は、秋田・青森・岩手の三県にまたがってくり広げられる雄大な叙事詩で、バリエーションも多彩である。三つの湖（八郎潟・十和田湖・田沢湖）が舞台になっているので、三湖伝説という呼び方もある。

童話『八郎』のような大男の八郎太郎が出てくるのは岩手県九戸郡山形村（現在の久慈市）の伝承である。（※10）これも異伝が多いが、三人兄弟の一人の八郎太郎が、山奥の川で赤い岩魚を食べたところ、のどが渇いて仕方がなくなり、水をがぶがぶ飲んでいるうちに大蛇になったという。「人がヌシになる」話の典型である（第九章参照）。

秋田にも、大男ではないが、八郎という樵夫《きこり》が、山奥の川で釣った魚（山女など）を食べたところ、のどが渇いて渇いて、川の水を飲んでいるうちに大蛇に変じたという話が雄勝郡稲川町（現在の湯沢市）などにある。（※11）

これらの八郎太郎伝説を換骨奪胎して創り上げられたのが、斎藤の童話『八郎』である。それでは、八郎太郎が八郎になったとき、何が変わったのだろうか。

伝説のなかの八郎太郎は典型的なヌシで、人間に敵対しているわけではないが、味方というわけでもない。八郎太郎のほうから人間を襲うことはないものの、湖への移動中に村里を通ったとき、その巨体ゆえに被害が出る。自然の象徴というよりも、自然そのものであり、人間とは距離をとった関係を保っている。

それにたいして、八郎は人間の味方として自然（津波）と戦っている。たしかに民間伝承でもヌシ同士が争うことはあり、自然対自然の戦いといえるが（第七章参照）、それは人間とは関わりのないところでの出来事である。ヌシが人に加勢を頼むことはあるが、ヌシの一方が人間の味方について、人間に敵対するもう一方のヌシと戦うというようなケースは民間伝承には見られない。

つまり、伝説の八郎太郎からヌシ的な要素を削ぎ落し、人間味を加えたところに、童話の八郎というキャラクターが生まれたといえる。言い換えれば、ヌシから人への転換である。『八郎』は、ヌシ伝承に着想を得ていて、民話を装いながらも、ストーリーに内在する原理がまったく異なっているのだ。むろん、それは作品の価値を減ずるものでない。自己犠牲を作品のテーマに据えることの多い斎藤隆介という童話作家の個性の発露である。

## 『龍の子太郎』と小泉小太郎伝説

伝説の八郎太郎はふしぎな岩魚を食べて無性にのどが渇き、水を飲み続け、本人の意思とは関係なく、大蛇に変じた。一方、童話のなかの八郎は日ごろから「もっともっと、大きくなりたい」と思っていて、望みどおり大きくなった。しかし、岩魚のエピソードがないために、どうして大きくなれたのかがはっきりしない。

ヌシ伝承を取り入れた児童文学作品に『龍の子太郎』がある。[※12] 松谷みよ子（一九二六～

二〇一五）の代表作である同作品は、一九六〇年に発表された。『八郎』よりも十年後である。龍の母親と人間の父親のあいだに生まれた少年・太郎の物語で、昔話「蛇女房」（第五章参照）に想を得ている。のちにアニメ映画にもなった（浦山桐郎監督、一九七九年）。

　太郎の母・たつは、もとは人間の女性だった。しかし、村人たちと分け合うべき岩魚を三匹食べてしまったがために、龍に変身した。一九五六年に、松谷が秋田を採訪（聞き取り調査）した際に聞いた八郎太郎伝説によるというから、『八郎』と『龍の子太郎』は同じ民間伝承にもとづいて創作されたといえる。にもかかわらず、形象される主人公像が大きく異なっているのは、この二人の作家の民間伝承に向き合うスタンスの相違による。松谷は、児童文学の作家である前に、民話運動家でもあった。

　ここで一九五〇年代に始まる民話運動（木下順二、瀬川拓男、吉沢和夫らが主導）について簡単にふれよう。先に童話と昔話の違いについてふれたが、民話と昔話も異なる。端的にいうと、民話にはイデオロギーがある。戦後の混乱期のなか、日本人とは何か、どうある

『龍の子太郎（新装版）』（松谷みよ子 著、田代三善 絵、講談社）

べきかを問いかけているのである。しかしながら、民話は個人による創作ではない。民間伝承の昔話や伝説、世間話のなかに、イデオロギーを見出すのである（民俗学者の関敬吾が最初に用いた「民話」という語の語史については、一書を要するほどのテーマなので割愛する）。たとえば先の岩魚の場面について、松谷はこう書く（※13）――「秋田の民話を調べていく中で、私は三匹のイワナをひとりで食べたため龍になった、という伝承に心をひかれた。有名な八郎潟の八郎の発端がこのかたちで始まるが、八郎だけでなく山の奥深く断片としても残っているということは、この話の北の国における思いの深さをあらわしているように、私には思われた。（中略）それは貧しい山の暮らしの中で、獲物は必ず平等に分けあうことが厳しいおきてだった時代の、古い言い伝えではないだろうか」。

　回想によると、松谷は、長野県のふたつの伝説をミックスさせて『龍の子太郎』を書いたという。ひとつは小県郡中塩田村（現在の上田市）に伝わる小泉小太郎の伝説で、蛇の母親から生まれた男の子の話である。この話の小太郎は、食べて寝てばかりいる怠け者だ。もうひとつは、塩田村から山ひとつ隔てたところにある松本市に伝わる泉小太郎の伝説で、母親の犀《さい》龍に乗って山を切り拓き、湖の水を外へ押し流したという伝説。その湖の跡にできたのが松本盆地なのだという。ヌシの活動によって湖が盆地になる伝説は各地にある（第七章参照）。

松谷は、小泉小太郎の成長した姿が、泉小太郎だと考えた。実際、周囲から怠け者だと思われていた子どもがじつは大物で、のちに大事業を成し遂げたという昔話は各地にある（松谷は「物草太郎」や「三年寝太郎」を例にあげている）。また、柳田國男も、小泉小太郎伝説と泉小太郎伝説を同一の伝承だと捉えていて、松谷もそのことにふれている[※14]。

伝承文学研究でも、現在伝えられている話を頼りに、かつての姿を復元しようとする立場がある。古いところでは、「桃太郎」のラストは不完全で、花嫁と結婚するところまで語られるのが完全な伝承だとする説があった。また、「勝々山」の前半では狸の性格が狡猾であるのにたいして、後半では性格が愚鈍になっていることから、現在の伝承はふたつの話が組み合わされたものだとする説もあった（いずれも、柳田の仮説[※15]）。

だから、その当否はともかくも、先の松谷の仮説は、研究者にとっても受け入れやすいものである。ただ、松谷は作家であるので、この仮説をもとに『龍の子太郎』を書き、そこに民話運動家ならではのイデオロギーを込めた。松谷の自作評を引くと――「『龍の子太郎』はもちろん語り伝えられた小泉小太郎ではない。だから民話とはいえないのだけれども、単なる創作といっては、どこか違うという気がする。やっぱりそれは祖先と私との合作であり、子供との合作で生まれた作品としかいいようがない気がする」、「小泉小太郎から龍の子太郎への過程は、信州の太郎から日本の太郎へという典型化の過程でなければならない」。

松谷がいう「日本の太郎」とは、日本人の理想像を指しており、軍国主義に利用された戦前・戦中の「桃太郎」へのアンチテーゼであろう。「桃の子太郎」から「龍の子太郎」へ、である（「桃の子太郎」は、『日本昔話大成』に載る話型名）。

たしかに、ヌシ伝承をもとにした『龍の子太郎』には普遍性がある。新潟県南蒲原郡下田村（現在の三条市）に伝わる五十嵐小文治の伝説は小泉小太郎・泉小太郎伝説の異伝と呼ぶべき内容であるし、[※16] 新潟県西蒲原郡巻町（現在の新潟市）や、[※17] 岡山県真庭郡美甘村（現在の真庭市）にもよく似た伝説が伝わる。[※18] このほか、大蛇や龍から生まれた申し子の話は数知れない。

そして、これらのヌシの申し子たちの伝説では、多かれ少なかれ、地形や地名の由来が説かれている。大げさに言うなら、国生み神話の末裔ということになろうか。そして、それは干拓事業とも結びつく。序に述べたように、干拓の場こそヌシと人が宿命的に対峙する場だからだ。『八郎』と『龍の子太郎』は、干拓をめぐる物語という点でも共通している。[※19]

# 『夜叉ヶ池』と夜叉ヶ池伝説

仮にヌシの文学史を構想した場合、近代文学から例を挙げるなら、泉鏡花（一八七三〜一九三九）の戯曲『夜叉ヶ池』（一九一三年）は外せまい。[※20]

自他ともに認める妖怪好きの鏡花作品には、ヌシの登場する話も少なくない。『海神別荘』（一九一四年）は、海のヌシと結ばれて蛇体となる女の話。[※21]『天守物語』（一九一七年）は、古城のヌシ（おさかべ姫を思わせる）の話で、猪苗代湖のヌシも登場する。[※22]そうしたなかにあって、『夜叉ヶ池』は在地のヌシ伝承を巧みに拾い上げて、幻想的な世界を創り上げている。

舞台は、越前国大野郡鹿見村琴弾谷。もっとも、福井県大野郡に鹿見という地名はなく、現在の南越前町今庄にこの地名がある。夜叉ヶ池も現存。琴弾山は越前市今立にある（作中にも「今庄駅から五里ばかり」行ったところに夜叉ヶ池があるという台詞がある）。時代は、作品発表当時の現代（大正時代）。物語は、鐘楼守《しゅろうもり》をしている萩原晃という青年とその恋人の百合のもとを、晃の友人・山沢学円（教員をしている）が訪ねてくるところから始まる。学円は、行方をくらましていた晃を探していたのだった。なぜ、晃は消息を絶っていたのか。

晃は風変わりな男で、「諸国の物語を聞こうと思って、北国筋を歩行《ある》」いていたところ、夜叉ヶ池の伝説を耳にした。晃によると、「昔、人と水と戦って、この里の滅びようとした時、越の大徳泰澄《たいちょう》が行力で、竜神をその夜叉ヶ池に封込《ふうじこ》んだ」のだという。泰澄は八世紀の人なので、作品世界でも千年以上前の出来事である。それで、龍を封じ込めるために、毎日三度、鐘を撞《つ》かなければいけないのだが、その鐘撞きの役割を担っていた老人が晃の目の前で亡くなってしまった。そして、老人の代わりとして同地に住み、毎日、鐘を撞くようになったのだという。

　留意すべきは、このときの龍の台詞である。龍は、封じ込められたこと自体は「是非に及ばん（仕方がない）」と受け入れたうえで、自分が約束を忘れないように、毎日、鐘を撞いてほしい、と言うのである。約束を破ればあ

夜叉ヶ池

たり一帯が大洪水になるので、それを恐れているのだ。何という律義さ。ヌシと人の契約で、ヌシの側が約束を破ることがないのは、前に述べたとおり（第三章参照）。民間伝承のヌシの性格を、『夜叉ヶ池』の龍は引き継いでいる。

　このあとも、『夜叉ヶ池』にはヌシ伝承のモチーフが散りばめられている。軸になっているのは、夜叉ヶ池のヌシ・白雪姫と剣ヶ峰千蛇ヶ池のヌシの恋物語だが、これはヌシが移動する話に見られるモチーフである。人間の側のヒロイン・百合は、背中に鱗があるとされていて、これはヌシの申し子譚のモチーフ。ここには、若い娘をヌシのいけにえにするモチーフもふくまれている。以前は白雪姫も人間の女性だったのだが、いけにえとして裸で牛に縛られて沈められて、夜叉ヶ池のヌシになった。ここには人がヌシになるモチーフがある。牛と水のヌシが関連深いこともすでに述べた。そのほかに、池にヌシの嫌う金気の物（釘、火箸、錆刀）を投げ込んで雨乞いするモチーフや、いけにえになる人間みずからに手紙を持たせる「沼神の手紙」のモチーフもある。鯉や蟹などの眷属たちの存在からは、ヌシの社会が垣間見られる。さしづめ、ヌシ伝承の集大成のような趣がある。

　夜叉ヶ池は、福井県と岐阜県の境にあり、滋賀県からもほど近い。では、民間に伝わる夜叉ヶ池伝説とは、どのような内容だったのだろうか。

　岐阜県揖斐郡揖斐川町に伝わる夜叉ヶ池伝説は「蛇聟入・水乞型」（第五章参照）の話で、[※23]

安八太夫という長者が「雨を降らせてくれた者に娘をやる」と言ったところ、夜叉ヶ池のヌシ（大蛇）がその望みをかなえて、娘を嫁にもらっている。藤橋村[※24]や坂内村[※25]（ともに現在の揖斐川町）、大垣市[※26]の伝承では、娘の名前を夜叉姫としているが、大蛇の名前のほうを夜叉竜神としている話もある。池にお参りする際には、化粧道具（紅、白粉《おしろい》、櫛《くし》）を持って行くという。

なお、揖斐郡の夜叉ヶ池伝説については、民俗学者の高谷重夫が興味深い報告をしている[※27]。高谷によると、同地には、長者・安八太夫の末裔を名乗る家があり（実名があげられている）、江戸時代には、雨乞いの儀式を司《つかさど》っていたという。かつてはヌシ伝承が生活のなかに生きていた証である。

滋賀県東浅井郡の夜叉ヶ池伝説もほぼ同じ内容。長者の名前も同じ安八である[※28]。同郡浅井町[※29]や伊香郡木之本町[※30]（ともに現在の長浜市）の話では、娘の脇に三枚の鱗があったとしている。また、膳椀を貸してくれるという椀貸し伝説と結びついている話もある。お参りの際にやはり化粧道具を持って行き、池に沈めるという。

福井県鯖江市の伝説[※31]もほとんど同じ内容だが、今立郡池田町に伝わるのは「蛇聟入・苧環型」（第五章参照）の話型で、夜な夜な、通い来る男の服に糸をつけて辿っていくと、正体は夜叉ヶ池の大蛇で……という展開になる[※32]。また、同町のべつの伝承では、ヌシ同士の争いの話となっていて（第七章参照）、夜叉ヶ池のヌシが美女に化け、侍に加勢を頼んでいる。[※33] さらに同町のべつの伝承では、雄のヌシをめぐって、二匹の雌のヌシが争うという内容になっている。

このように、民間伝承の夜叉ヶ池伝説は、ヌシと人間の娘の婚姻を説く話である。一方、鏡花の『夜叉ヶ池』は、その後日譚となっている。まったく新しい話を創作した斎藤とも、民間伝承に寄り添おうとして二つの話を擦り合わせた松谷とも異なる立場である。

鏡花の『夜叉ヶ池』は、信仰の衰微した時代の物語である。晃がヌシ封じの鐘撞きの必要性を説いたとき、村人たちは——若者のみならず、老人から寺の和尚までもが一笑に付し、「昔話なら、桃太郎の宝を取って帰った方が結構でござる」と言い放つ。そしてそんな時代だからこそ人はタブーを破り、ヌシと向き合わねばならない事態に陥ったのだ。信仰が墨守《ぼくしゅ》されていた時代はヌシにとっても人にとっても幸福だが、それでは物語にならないのである。

# 沈鐘伝説

鏡花研究者のあいだでは、『夜叉ヶ池』は、ゲアハルト・ハウプトマン（一八六二〜一九四六）というドイツの作家の『沈鐘』（一八九六年）の影響を受けているとする説がある。鏡花は、『夜叉ヶ池』が発表される五年前に同作品を翻訳しており、説得力のある説である[※34]。

『沈鐘』は、主人公（鐘造り職人）が山の上の教会に鐘を運ぶ途中、森の神によって鐘もろとも水底《みなそこ》に沈められるという話で、魔法使いが出てきたり、妖精が出てきたりと、幻想的な内容となっている。ハウプトマンという人を文学史に位置づける力量はわたしにはないが、手がけた作品の多彩さと、作家としての活動期間の長さが鏡花に似ている気がする。

この説に異を唱えるつもりはないが、水底深くに鐘が沈んでいるとする沈鐘伝説は、日本各地にあり、その多くがヌシ伝承と関わっている。鏡花はハウプトマンの『沈鐘』を念頭に置きつつ、日本の沈鐘伝説を参照しながら、『夜叉ヶ池』を書いたのだろう。

じつは、日本の沈鐘伝説には、『夜叉ヶ池』のように封じ込めたヌシのために鐘を撞いていたとする例は、ほとんどない。やや似ているのは、福島県南会津郡只見町に伝わる青淵のヌシ（大亀）の話だ(※35)――むかし、怪我をしたヌシが若者に変身して寺を訪れ、住職に治療を願い出た。その際、「傷が癒えるまで鐘を撞かないでほしい」と懇願し、住職も承知したものの、お彼岸には鐘を鳴らさねばならず、約束を違えて撞いてしまった。すると、人が集まってきてしまい、醜い姿を見られるのを恥じたヌシは寺から姿を消した。とたんに、洪水が起こり、村を飲み込んでしまったという。この洪水は「白髭水」と呼ばれる。余談だが、べつの伝承では、洪水の前に白髭の翁が現れて危険を知らせ、村人を救ったとしている(※36)。こうした「白髭水」と呼ばれる洪水にまつわる話は東北各地に伝わっている。

　このヌシは鐘の音を嫌っているが、封じ込められているわけではない。また、鳥取県鳥取市には、竜宮の大釣鐘が鳴ると海が大時化《しけ》になるという伝承があるが(※37)、これとも違う。『夜叉ヶ池』のような鐘の用いられ方は、民間伝承にはありそうでないのだ。

　雨乞いのために滝壺に鐘を沈めたというのは、静岡県伊豆市に伝わる話(※38)。ヌシを怒らせて雨を降らせるパターンの呪術である。ヌシが金気を嫌うのは再三述べてきたとおりだ。一方、熊本県熊本市の鐘ヶ淵伝説では、ヌシ自身が「干ばつの時は鐘を淵に沈めてくれ」と話している。このヌシはもともと人間の女性で、お世話になった村人に恩返しをしようとしていた。鐘を沈める雨乞いは、明治時代まではおこなわれていたという(※39)。

　また、東京都の隅田川にも鐘ヶ淵の伝説があり、水が澄んでいるときには、水底に沈む鐘が見えたという。[※40] 陣鐘《じんがね》を運搬中に誤って落としたのだとも、水死者を供養するために鐘を沈めたのだともいう。隅田川ではなく荒川だとする話[※41]もある。時の将軍・徳川吉宗が引き上げさせようとしたが、すでにヌシの所有物になっていたために断念した。その際、ヌシが美女に変じて現れ、少しだけ鐘を見せてくれたというからサービスがいい。

よく似た話が神奈川県相模原市や[※42]、津久井郡津久井町（現在の相模原市）[※43]、茅ヶ崎市など[※44]にも伝わっていて、鐘池、鐘沢、鐘ヶ淵などの地名由来譚となっている。千葉県神崎町には、利根川を往来する舟が、沈んでいる鐘の上を通ると、ひっくり返されるという伝承がある。[※45] 舟で鐘を運ぶときにも、水中に引き込まれないように箱に入れなければいけないともいう。

川ではなく、海に鐘が沈んだとするのは、福岡県宗像郡玄海町（現在の宗像市）に伝わる鐘崎の由来伝説である。[※46] 海上を航行していた船が、積み荷の梵鐘を欲した龍神に沈められたことから、この地名がついたという。晴れた日には、海底に沈む鐘が見えるのだとか。この鐘崎の伝説については、江戸時代の『笈埃《きゅうあい》随筆』（百井塘雨、一八世紀後半）にも載っている。[※47] また、『西遊記』（橘南谿、一七九五年）には「竜、鐘を愛す」と題した、熊本の海にまつわる話が載っている。[※48]

変わっているのは、福井県鯖江市の鐘ヶ窪の由来で、何と、地中に鐘が沈んだという。[※49]

いまでもその穴が残っているそうだ。富山県魚津市にも同様の伝説があり、耳を澄ませると地底から鐘の鳴る音がするとのこと[※50]。

ヌシから鐘をプレゼントされた話も伝わっている。茨城県石岡市の国分寺にある雄鐘と雌鐘は、むかし、海上にぽっかりと浮かんでいるのを漁師が見つけて、寄進したのだという[※51]。釣鐘が水に浮くはずがない、だからこれは竜宮からの贈り物だということになった。同じく茨城県古河市の釣鐘沼も、竜宮から贈られた鐘に由来するそうだ[※52]。この釣鐘は泳ぐ人を次々と水中に引き込んだというから怖ろしい。

それで、なぜ金気を嫌うはずのヌシが鐘を好むのかだが、わたしは、ヌシが音を好む性質と関係があるのではないかと考えている。笛や琵琶、鼓など、ヌシたちは雅やかな音に惹きつけられることが多い。また、ヌシ自身が音を発する（楽器を演奏する）こともある。鐘という金属製の物体を好むのではなく、鐘から発せられる音が、ヌシにとって心地よく感じられるのではないだろうか。

ヌシと鐘の縁の深さを証するのは、富山県新川郡朝日町に伝わる話で、同町にある天香寺の釣鐘は、大蛇の化身だという[※53]。また、富山県高岡市には、寺の釣鐘がべつの寺に移動した話もある[※54]。これなども、ヌシが鐘になる話、ヌシが引っ越しをする話（第六章参照）を念頭に置かなければ、何のことやらわからない。

『夜叉ヶ池』に類するのは、滋賀県蒲生郡竜王町に伝わる三井寺の鐘の伝説である（※55）。人間の男性と結ばれた大蛇が、正体がばれて別れたのち、子どもを養うために自分の目玉をくり抜いて舐めさせたという話で、以来、鐘を鳴らして時刻を教えてくれるよう頼んだという。童話『龍の子太郎』に通ずるモチーフだ。龍・大蛇と鐘をめぐる物語といえば、能や歌舞伎で人気を博した道成寺説話があり、ヌシ伝承とはいいがたいが、関連は見いだせる。

以上、近現代文学から、ヌシの登場する作品を取り上げてみた。ヌシの文学史の古典編も面白そうだが、もう紙幅が尽きた。また、べつの機会に考えてみたい（※56）。

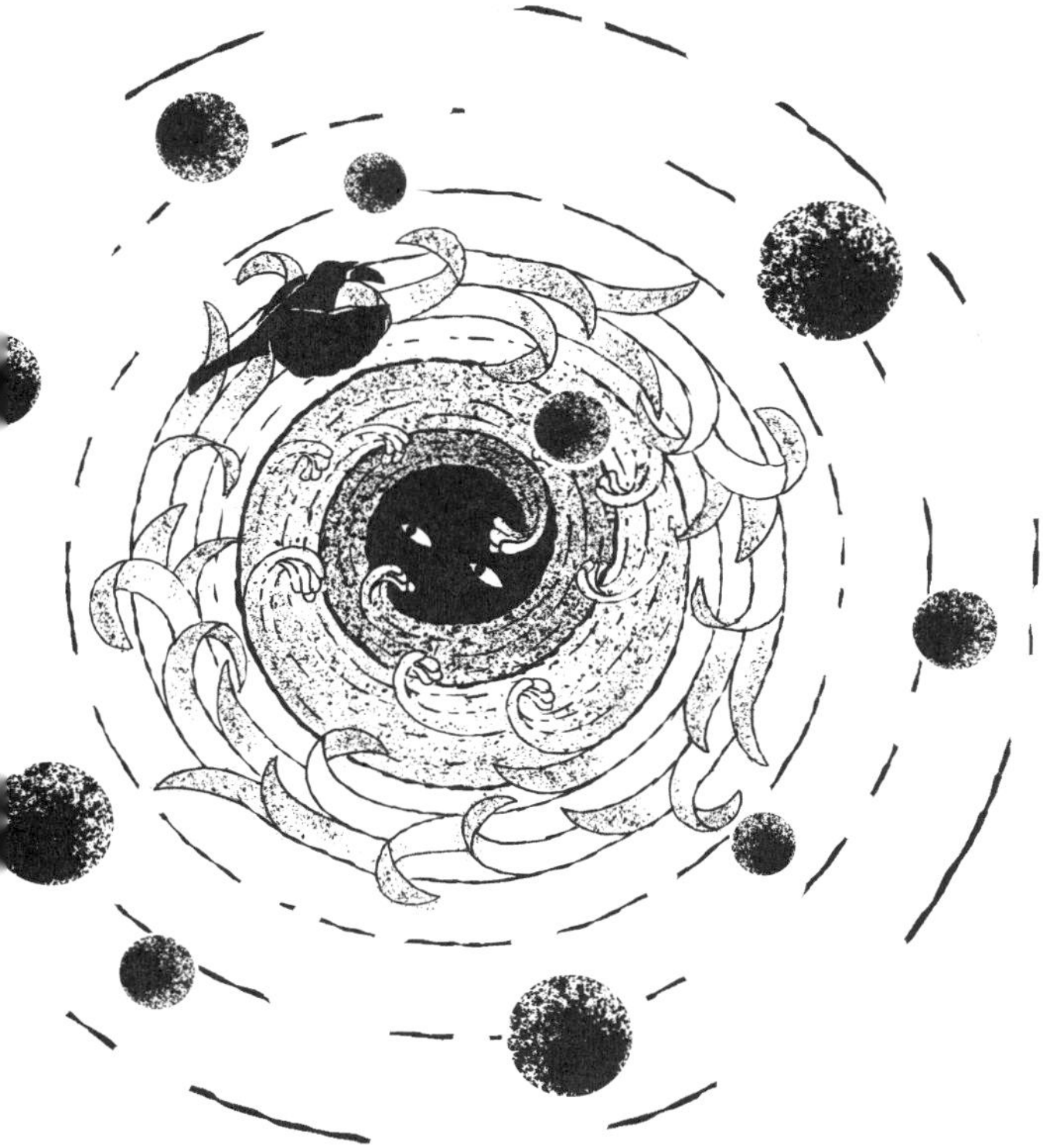

第十一章

# 現代のヌシ

# 未確認動物とヌシ

最後に、現代のヌシについて考えて、本書の一応のまとめとしたい。まずは、未確認動物伝承とヌシの関係について。

未確認動物とは、ネッシーや雪男（イエティ）のような、目撃情報はあるものの、いまだ存在が確認されていない動物のことである。ここで前提になるのは、地球上のすべての動物がすでに確認されている、もしくは、確認されるであろうという認識があること。人知が世界を掌握した時代の発想で、近代になって生成した。近代以前から、奇妙な動物の話はあったが、この認識がなければ、未確認動物とは言えない（わたしは、未確認動物伝承の生成以前の奇妙な動物を「幻獣」と呼んでいる）（※1）。日本では、一九七〇年代のオカルトブームのなかで、未確認動物が話題になった。

わたしは、未確認動物も民俗学の研究対象になると思っているが、その際に重要なのは、いるかいないかの問題をカッコに入れて、伝承という観点からこれを扱うことである。「カッコに入れる」というのは否定することではない。方法的に思考を停止させることである。実際にネッシーや雪男などがいるかどうかはさておき、その存在を信じる人はいまもむかしも一定数いる。その人たちの心意や、信じることによって生ずるさまざまな社会現象は十分に研究の意義がある。ネッシー伝承、雪男伝承の研究である。幽霊や妖怪、UFOなどを研究するときにも、対象を伝承と捉え、存否の問題を「カッコに入れる」思考方式が重要になる。

さて、日本の未確認動物とヌシの関係はどうであろう。結論を先にいうと、心理学でいう元型（この場合、水底や深山に棲む巨大生物のイメージ）を探ろうとするならばともかくも、直接的な関係――ヌシが未確認動物へと変貌したというようなケースは少ないようだ。

たとえば、屈斜路湖（北海道川上郡弟子屈町）のクッシーや、池田湖（鹿児島県指宿市）のイッシーの例を見てみよう。ともに一九七〇年代に話題になった日本を代表するレイク・モンスター（湖の怪物）である。たしかに、屈斜路湖には大蛇や巨大アメマスが棲むというアイヌの伝承があるし、[※2]池田湖にも龍神伝承はある。[※3]オカルト本やサイトのなかには、これらの伝承を未確認動物が実在する証拠にあげているものがある。

けれども、それはクッシーやイッシーが話題になったあとに生じた、後づけの説明である。全国的に龍神が棲むとされる湖が多いことは言うまでもないし、アイヌの伝承には、湖に大蛇や巨大アメマスが棲むという話が多い。とくに巨大アメマスについては、洪水や地震の原因とされることがあり、内地（本州・四国・九州）の地震鯰の伝承とも通ずる。

水棲の未確認動物といえば、山形県東田川郡朝日村（現在の鶴岡市）の大鳥池の巨大魚・タキタロウ（滝太郎）がいる。一九七〇年代に、矢口高雄の漫画『釣りキチ三平』に取り上げられて知名度が上がった。[※4] 私が一九九二年夏に朝日村を訪れたときも、タキタロウの話はよく聞けた。ブーム以前に、大鳥池にヌシの伝承があったなら、ヌシ→未確認動物の珍しいパターンといえるが、いまのところ、そうした資料は見つかっていない（地元住民のあいだで、タキタロウという巨大魚の噂はあった）。

陸棲の未確認動物では、広島県比婆郡（現在の庄原市）の山中に現れたヒバゴンが有名で、やはり一九七〇年代に話題になった。これもこじつければ、陸棲のヌシである大猿（狒々、猩々など）や、山男（半人半獣の怪物）の末裔といえなくもないが、直接的な伝承関係を見いだすのはやはり難しい。ヒバゴンはヌシの末裔と見るよりも、ヒマラヤの雪男や北米のビッグフットなど、類人猿型の未確認動物の日本版と見るべきだろう。

ニホンオオカミが未確認動物とされることもある。それはたしかに往年の山のヌシ・狼

『釣りキチ三平 クラシック O池の滝太郎』
（矢口高雄 著、講談社）

の姿ではあるが、これはむしろ、絶滅動物伝承に入れられるべきである。絶滅したはずの動物がじつは生存していたという話は多い。また、未確認動物の正体を絶滅動物だと説明するケースもあるが（ネッシーとプレシオサウルス、雪男とギガントピテクスなど）、ニホンオオカミの場合はそもそも実在が確認されていたわけで、未確認動物とはいえず、また、ヌシの末裔という言い方は当たらないように思う。

　というように、未確認動物伝承とヌシ伝承は、重なるようで重ならない。そうしたなかで、しれっと、ヌシから未確認動物へと変貌したものもいる。やはり一九七〇年代にブームになって、いまでも捜索が続けられているツチノコである。

　ツチノコについては、以前、『ツチノコの民俗学』という本にくわしく書いた[※5]。かつては妖怪の範疇に入れられていたツチノコが、釣り人たちの間で話題になって未確認動物へと変貌し、やがて子ども文化のなかに定着、観光に利用されるまでを追った本である。

　妖怪だったころのツチノコは、大きく三種に分けられる。ひとつは、蛇の妖怪。切られた蛇の首が死なないでいて、それに尻尾が生えたのがツチノコだとする伝承である。言われてみれば、われわれが知るツチノコの姿は、蛇の頭に直接、尾が生えたようにも見える。また、ツチノコを頭だけの蛇だとか、胴体だけの蛇だとする伝承もある。あとのふたつは、器物の妖怪としてのツチノコ（槌《つち》のような姿の蛇ではなく、槌そのものが化けた）と、ある種の奇形児をツチノコと称する場合だが、ここでは関係ないので言及しない。

そして、蛇の妖怪としてのツチノコの場合、原資料には、はっきり「ツチノコは山のヌシ」と書いてあるものがある。ヌシになる蛇に身体的な特徴があることは再三指摘してきたが、身体が短いとか欠損しているというのも、そのひとつなのである。だから、幻の蛇ツチノコの生態とされているものをよく見ると、ヌシ／大蛇の特徴に通ずるものが多い。

## 怪獣とヌシ

次に、ヌシ伝承の現代的展開として、特撮作品のなかの怪獣をあげてみたい。

怪獣と聞いて誰もが思い浮かべるのは、ゴジラであろう。アメリカ映画『キングコング』（一九三三年）にインスパイアされたといわれるが、形象されたゴジラ像には畏怖すべき神のイメージが付与されていて、日本独自の怪獣観が表れている。マニアのあいだではすでに言い尽くされていることだが、ハリウッド版『Godzilla』（一九九八年）のゴジラが、たんなる巨大生物として描かれていたのと比較すると、そのことは明瞭である。なお、二〇一四年から始まった新たなハリウッド版『Godzilla』シリーズでは、ゴジラに神の面影が見られ、ファンとしては喜ばしい。

神の面影は、ヌシの面影にも通ずる。とくに第一作の『ゴジラ』（一九五四年）にその傾向が強い。水爆実験によって海中深く眠っていた太古の恐竜が蘇り、人間社会に鉄槌を下す……というストーリーは、テリトリーを侵した人間にヌシが報復するというモチーフを踏襲している。劇中、大戸島（架空の島）の老人は、伝説の怪物ゴジラを鎮めるための神楽や、娘をいけにえにする風習があったと話している。ゴジラの棲息域を侵したのは一部の人間だったが、被害が東京都民全体に降りかかっている点にも留意したい。一人の不心得者を罰するために、村を全滅させるのがヌシなのだ。ゴジラを葬るかわりにみずからの命を失った芹沢博士の英雄的行動には、ドラゴンスレイヤーの姿が重なる。

「ゴジラ」（1954年、公開時のポスター©TOHO CO., LTD.）

ゴジラについては民俗学的考察もさまざまになされているが、ここに「ヌシ」というキーワードを入れてみると面白い(※6)。

怪獣にヌシの面影が見いだせるのは、『空の大怪獣ラドン』(一九五六年)、『大怪獣バラン』(一九五八年)、『モスラ』(一九六一年)……と続く東宝怪獣映画の多くに当てはまる。いずれも、人間の領域侵犯とヌシの報復を軸としたストーリーだ。

テレビ作品に目を転じてみよう。日本初の特撮ドラマ『ウルトラQ』(一九六六年)でも、くり返し、ヌシ対人間のテーマが描かれる。トンネル工事で眠りを覚まされたゴメス、南島から連れてこられた大猿ゴロー、南極探検隊を襲ったペギラ……などなど、ヌシの末裔と見なせる怪獣は多いが、わかりやすすぎて論じても面白くない。ここで取り上げてみたいのは、第三話「宇宙からの贈りもの」に登場する火星怪獣ナメゴンである。

ナメゴンはウルトラシリーズ初の宇宙怪獣。ナメクジのような姿をしている。消息を絶った火星探査ロケットが、何者かによって地球に帰還させられた。そのロケットに乗っていたのがナメゴンなのだが、その時点では卵の状態で、地球で孵化している。ナメゴン自身の意思で地球に来たわけではない。誰が、何の目的で地球に送り込んだのか。登場人物たちは火星人と判断しているが、劇中では明らかにされていない。ここでは仮に宇宙人としておこう。

塩水に浸っただけで溶けてしまう非力な怪獣である。宇宙人に地球を攻撃する意図があったとは思えない。登場人物の一の谷博士と万城目は、こう解釈する――一の谷「おそらく地球人類にたいする挑戦か、あるいは威嚇だね。（中略）宇宙開発の目的で、われわれは人工衛星や宇宙ロケットを他の惑星に打ち込んでいるが……」、万城目「あの怪獣は、われわれにそのことを警告するために送られてきた、ということにもなるな」（劇中の台詞から）。

　要するに、領域侵犯をした人類にたいする警告で、ここにヌシの発想が見られる。宇宙は、二〇世紀に見いだされた新たなヌシの棲みかだった。留意すべきは二点。ひとつは、ヌシが警告する相手が、地球人類全体となっていること。宇宙時代になって、話もスケールアップしたのだ。もうひとつは、ナメゴンそのものはヌシではないこと。この場合、劇中に一度も姿を現さない宇宙人こそがヌシで、ナメゴンはミサキ（神の使い）の立ち位置にある。

　この宇宙怪獣と宇宙人の関係性は、その後のウルトラシリーズでも踏襲されており、『ウルトラQ』でいえば、第二十一話「宇宙指令M７７４」で初めて見られる（キール星人とボスタング）。なお、第十三話、第十六話に登場するガラモンはロボットだが、これを入れることも可能だろう。これらのケース（ボスタング、ガラモンのエピソード）では宇宙人が侵略者、地球人が被侵略者だった。ここでは地球人の側が侵略者になったナメゴンのエピソードが先に置かれていることに意味を見いだしたい。

地球人の宇宙進出／侵略に関するテーマは、『ウルトラセブン』（一九六七〜六八年）において、より先鋭化する。同作品では、言葉を持たないギエロン星獣のようなケースに加えて、宇宙人たち（ペダン星人、アンノン）が、人間の言葉を使って、侵略と紙一重の地球人の宇宙進出を非難する場面がある。それは人語を話すヌシたちの姿である（地球の先住民族ではないかと推測されるノンマルトとの戦いも描かれている）。

このテーマが『ウルトラセブン』に多いのは、作品の設定に関連する。『ウルトラセブン』の主人公モロボシ・ダンは、地球防衛軍極東基地に属するウルトラ警備隊に勤務している。ちなみに、『ウルトラマン』の主人公ハヤタは、国際科学警察機構に属する科学特別捜査隊（科特隊）日本支部隊員。つまりダンは軍人、ハヤタは警官なのだ。この違いが作品世界にも現れている。行き過ぎた防衛は侵略に転ずる危険性がある。このテーマは、「平成セブン」と呼ばれる続編『ウルトラセブン１９９９最終章』（一九九九年）ではより先鋭化され、潜在的に地球侵略の可能性がある惑星を、地球防衛軍が先制攻撃している。

現代のヌシについて考えるとき、いかにもな作品を取り上げるより、一見、ヌシとは無関係な作品のなかに、その要素が入っていないかを考えたほうが生産的であると思う。

# ダム湖にヌシは棲むか

『ウルトラQ』第十三話「ガラダマ」で、ガラモンがダムを破壊するシーンは、シリーズ屈指の名場面として知られている。劇中では、群馬県の弓ヶ沢という架空の土地のダムとなっているが、ロケがおこなわれたのは、須田貝ダム（群馬県利根郡みなかみ町）だそうで、写真を比較してみると、たしかにそのようだ。ということは、ガラモンが隕石に乗って落下し、その衝撃で湖水が干上がったのは、洞元湖ということになる。ダムによって水が堰き止められることによってできた人造湖、いわゆるダム湖だ。

須田貝ダムの竣工は一九五五年。劇中の時代設定は不明だが、『ウルトラQ』が放映された一九六〇年代はダムの建設ラッシュの時期で、いくつもの村が水底に沈んだ。渡辺節子の『奥多摩の世間話』は、ダム建設で消滅した東京都西多摩郡小河内村（現在の奥多摩町）の村人たちの声を収めた貴重な記録である。[※7] 本書は、戦前（一九四〇年）に編纂され、未刊に終わった『小河内之郷土伝説』（東京市編纂）を第一部「村がダムに沈む前の口伝え」とし、一九七〇年代以降にかつての村人たちから聞いた話を第二部「村がダムに沈んだ後の口伝え」としている。第一部に載るヌシの話（「江淵の椀貸し伝説」、「川天狗の話」）は、第二部でも報告されているが、すでに伝説の舞台となった淵や川は、ダムの底深くに沈んでいる。

　さて、怪獣たちがダムを壊しまくったのもこの時期。「ダムを破壊する怪獣」は、怪獣映画のひとつのモチーフに数えられる。『モスラ』（一九六一年）では小河内ダム（奥多摩湖）がモスラに破壊され、『三大怪獣　地球最大の決戦』（一九六四年）では黒部ダム（黒部湖）がキングギドラに破壊され、『大怪獣決闘ガメラ対バルゴン』（一九六六年）ではやはり黒部ダムがガメラに破壊されている。

　怪獣映画の破壊のカタルシスの対象に、時代を象徴する建造物が選ばれるのはいつの時代も同じだが、「ダムを破壊する怪獣」に関しては、べつの見方もできる。というのも、ダムの主要な目的である治水や、水力の利用

奥多摩湖

は、第三章でみたように、ほんらいは人間がヌシに祈願しておこなうものだったからだ。ヌシの役割である水の管理を、人間が奪った結果が怪獣によるダム破壊だと捉えれば、なかなか面白い批評になる。怪獣にはヌシの面影がある。ならば、ダム湖にヌシは棲むだろうか。

　ヌシの棲みかとして思い浮かぶのは、川や海の淵、滝壺、湖、沼などの自然の水域である。一方、人工の水域にヌシが棲むケースもある。

　人間の手が入った水域といえば、まず、池がある。一説には、「イケ」という語は「いける」（「花をいける」の「いける」）に由来するというが、人の手が加えられている点が、沼との違いである。だから「庭に池を作る」と言うが、「庭に沼を作る」とは言わない。「ため池」はあっても、「ため沼」はない。ただ、自然にできた水たまりのことを「池」と呼ぶこともあり、その場合は沼とほぼ同じ意味になる。「池沼《ちしょう》」とまとめて呼ぶこともあるが、実際、人の手が入らなくなって荒れはてた池は、沼と変わらない。池にもヌシが棲むことはこの本であげてきた例から明らかだ。さかのぼると、『今昔物語集』（十二世紀）巻二十七に載る、陽成天皇の時代（九世紀末）に作られた池から、老人姿の水の精が出てくる話が古い例だろう。[※8]

　次に、堀について。堀とは、城郭の周辺に、防衛用に作られた溝のこと。水をたたえた

「水堀《みずぼり》」と、水のない「空堀《からぼり》」とがある。水堀には自然の川や沼を利用したものもあるが、「堀」が「掘る」という語から来ていることからわかるように、基本的には人工物である。戦国時代には大いに役立った堀も、平和な時代には無用の長物で、手入れもされないまま放置されることが多かった。城主を失った廃城ならばなおさらである（江戸時代には一国一城令が発布され、全国的に廃城が増えた）。だから、堀の水は淀んでいることが多い。堀にヌシが棲むのは、こうした理由による。この本であげた例では、「本所七不思議」のひとつに数えられる「置いてけ堀」（第五章参照）の話が有名である。

　井戸にもヌシが棲む。ただ、注意しなければならないのは、ここで言う「井戸」が、こんにちの人々が連想する、釣瓶《つるべ》の設置された「竪堀《たてぼり》井戸」に限らないということである。柳田國男監修の『民俗学辞典』に「井というのは、本来は水のとどまるところを指した言葉であって、以前は流れ川を堰き溜めて、水を一処に定止させておくのが普通であったらしい」（※9）とあるように、もとは、もっと広い意味で使われていた言葉だった。同辞典では、井戸を「イケ」とか「カワ」と呼ぶ方言も紹介している。池や堀と違って、日常生活で使うものだが、廃屋や廃城の井戸などは使う人もいないままに朽ち果てていて、ヌシが棲むのに格好のロケーションとなっている。

　このように、池、堀、井戸は人工物でありながら、ヌシの棲みかとなっている。天然自然の場所でなければヌシが棲めないというわけではないのだ。けれども、この三者にも違いがある。正確なデータはないが、わたしの調べた感触から言うと、池＞堀＞井戸の順に、ヌシの出現件数が減っていくように思われる。言葉を換えると、池→堀→井戸の順に、自然界から人間界に近づいていくということになる。それは生活圏にあるかないかという問題に加えて、日常生活での使用頻度の問題と関連するだろう。だからヌシの棲む池というのは、ふつうの民家にはない。山奥の池か、廃寺や廃屋に放置された池である。

## 里山とヌシ

あらためて考えてみよう。ダム湖にヌシは棲むだろうか。さらにいえば、浄水場や貯水池にヌシは棲むだろうか。江戸市中の井戸の多くは地下水を汲み上げたものではなく、近隣の河川から水を引いた水道によるものだった（玉川上水、神田上水など）。この延長線上に、現代の水道がある。水道水を汲み上げた井戸にヌシが出るなら、ダムや浄水場、貯水池にヌシが出てもいいのではないか。

そもそも、ダム建設をめぐるヌシと人間の関係は、従来の伝承の論理から考えて、奇妙なものだった。

人間がヌシの棲みかを破壊した話はこれまでもあった。そうした場合、ヌシは容赦なく祟る。祟りが個人を超えて村落全体に及ぶこともあり、ヌシが洪水を起こし、一村まるごと押し流したケースもある。しかし、ダム建設の場合は、人間が、ヌシの棲みかもろとも、人間の住みかをも破壊するのだ、それもヌシの管轄であるはずの水によって。

これをテーマとした漫画が、漆原友紀の『水域』（二〇一一年）である。[※10]水不足で、給水制限が敷かれた町に住む少女が、夢のなかで、ダムに沈んだ母と祖母の故郷の村に行き、ふしぎな少年に会うという、ノスタルジックで幻想的なストーリーだ。川や滝など、水の描写が素晴らしく、主人公の少女が水泳部員で、ふだんプールという人工の水域に親しんでいることも効いている。夢のなかの村では、永遠に雨が降り続いている。村が水底にあることが暗示されているのだが、ヌシが滅んだあとの異常な自然の様子の描写とも受け取れる。なお、漆原の代表作『蟲師』（一九九九年）にもヌシが登場していて、このテーマを論ずるうえで注目すべき作家だ。[※11]

ヌシが滅びたあとの異常な自然をテーマとしている作品といえば、宮崎駿監督の映画『風の谷のナウシカ』（一九八四年）がある。遠い未来、人間の愚行の果てに生まれた異常な自然「腐海《ふかい》」（最終戦争によって生じた）には、王蟲《オーム》という異形のヌシが棲む。腐海は拡張を続け、王蟲もしばしば人間界を脅かす。これはテリトリーに籠る従来のヌシ伝承を逸脱している。王蟲の群れの暴走が「大海嘯《かいしょう》」（海嘯＝津波）と呼ばれているのは象徴的だ。

また、腐海は人間だけではなく、既存の自然（仮に「旧自然」と呼ぶ）にとっても脅威になっている。猛威をふるう腐海を前にしたとき、人間は、旧自然と共闘せざるを得ない。しかし、その腐海は人間の旧自然の破壊の産物でもある。人間・旧自然・異常な自然（腐海）が三すくみになった図式が、ヌシ伝承を重ね合わせることによって見えてくるのだ。このように、ヌシ伝承の論理から逸脱したところに、宮崎の作家性が表れている。

自然と人間の共生をテーマに据えることの多い宮崎アニメには、しばしば、ヌシ的存在が登場する。『もののけ姫』については第七章で取り上げたのでくり返さないが、ほかにも、森のヌシとおぼしきトトロが登場する『となりのトトロ』（一九八八年）や、汚染された川のヌシが登場する『千と千尋の神隠し』（二〇〇一年）、巨大な海のヌシ（女神？）が登場する『崖の上のポニョ』（二〇〇八年）などがある。

注意深く見ていくと、宮崎作品に描かれた自然はふたつに分けられることがわかる。[※12] ひとつは人間の手が入った自然＝「里山」を描いた作品で、『となりのトトロ』がそうだ。もうひとつは手つかずの自然＝「奥山」を描いた作品で、『もののけ姫』がそれに当たる。『となりのトトロ』の優しい自然と、人間に牙をむく『もののけ姫』の自然は異なるのだ。

環境省は「里地里山とは、奥山と都市の中間に位置し、集落とそれを取り巻く二次林、それらと混在する農地、ため池、草原等で構成される地域概念」と定義したうえで、「さまざまな人間の働きかけを通じてその自然環境が形成・維持されてきました」としている。[※13]ながらく里山研究をしてきた養父志乃夫は、里山は「ヒトだけのものではなく、多様な動植物の暮らしの場であり、食物連鎖を基軸とする生態系を育んできた」と記している。[※14]人間と動物とが共生する空間。「里地」、「里海」、「里川」、「里湖」などの概念も提唱された。里山は、環境問題を論ずる際のキーワードとなり、さらには「里山資本主義」を「マネー資本主義」と対比させるように、文明社会への警鐘の意味をも帯びるようになっている。

　里山が注目されるようになったのは一九九〇年代。里山の危機が叫ばれるようになった時期だ。時を同じくして、宮崎がこのテーマを扱ったのは偶然ではあるまい。時代の思潮だったといえよう。一方、奥山の破壊は中世以前からおこなわれていて、『もののけ姫』でも少し描かれている。時代順にならべると、戦国時代の『もののけ姫』の自然（奥山）があり、そのあとに昭和二十年代の『となりのトトロ』の自然（里山）、そして、『風の谷のナウシカ』の異常な自然（腐海）となる。

　ヌシの棲みかは奥山にあることが多い。そして、これまで紹介してきた話が示すように、奥山にくらべると数は少ないものの、里山にもヌシは棲んでいる。[※15]

それでは、数百年後の未来、ダム湖の底にヌシは棲んでいるだろうか。わたしは、いくら淀みが深かろうと、ダム湖にヌシは棲めないだろうと思っている。自然環境の改変の度合いが、けた外れに大きいからだ。ヌシの伝承は、自然が人間より優位である場合や、拮抗している場合に生ずる。ただ、使用されなくなった廃ダムにならば、ヌシは棲むかもしれないが。このわたしの推量の当否は、未来の研究者が判断するだろう。

# 引用・参考文献一覧

## 第一章　英雄とヌシ


1　アンティ・アールネとスティス・トンプソンによる昔話の国際話型番号ではAT300「龍退治」とされている。なお、関敬吾 編『日本昔話大成』の話型分類では「猿神退治」（二五六）、「猿の経立」（二五七）、「大蛇退治」（本格新一A）、「法妙童子」（本格新一B）、「山神講由来」（本格新一C）がそれに当たるとされている（カッコ内は大成番号）。

2　スサノオのヤマタノオロチ退治説話を、アンドロメダ―ペルセウス型神話の類型に位置付ける論考は多いが、ここでは入手しやすいものとして、左記をあげておく。
関敬吾「八岐の大蛇の系譜と展開―日本昔話の南方との関連―」金関丈夫博士古稀記念委員会編『日本民族と南方文化』一九六八年、平凡社（のち、『関敬吾著作集』四巻、一九八〇年、同朋舎出版）
大林太良『神話学入門』一九六六年、中央公論社

3　奥西俊介「伐たれる蛇の姿―八俣大蛇退治譚の一覧書―」『アジア遊学』一五八、二〇一二年、勉誠出版
スサノオ・クシナダ（クシイナダ）・アシナヅチ・テナヅチの表記は、『古事記』では須佐之男・櫛名田・足名椎、手名椎、『日本書紀』は素戔嗚、奇稲田、脚摩乳、手摩乳となっている。

4　松本孝三ほか 編『南加賀の昔話』一九七九年、三弥井書店

5　三隅治雄 編『全国年中行事辞典』二〇〇七年、東京堂出版

6　渡邊昭五 編『日本伝説大系』第四巻（北関東編、一九八六年、みずうみ書房）に載る、群馬県勢多郡宮城村（現在の前橋市）の例。同事例は『日本伝説大系』が初出。

7　後藤明『「物言う魚」たち―鰻・蛇の南島神話―』一九九九年、小学館

8 知里真志保『知里真志保著作集』第一巻（説話・神謡集1）、一九九三年、平凡社

9 柴田常恵・稲村坦元 編『埼玉叢書』第三巻、一九二九年、三明社

10 韮塚一三郎 編『埼玉県伝説集成』下巻（信仰編・分類と解説）、一九七七年、北辰図書出版

11 オオタキマルの名は、御伽草子『田村の草子』に登場する伊勢の鈴鹿山の鬼の巨魁・大獄《おおたけ》丸に由来すると思われる。なお、『田村の草子』では、主人公の田村大将軍自身、大蛇の血を引いている。本文で指摘したような田村麻呂・大滝丸の位置づけの変化は実際に福島県田村市で起きている。この点については、左記論考に詳しい。

根岸英之「福島県大滝根山西麓の田村麻呂伝承―近世と現代のテキストにみる敗者たち―」説話・伝承学会 編『説話・伝承学』一号、一九九三年、説話・伝承学会

12 『義残後覚』は、高田衛 編・校注『江戸怪談集』上（一九八九年、岩波書店）に翻刻がある。

13 横山重・松本隆信 編『室町時代物語大成』九巻、一九八一年、角川書店

14 『今昔物語集』では巻二六に「美作国神依猟師謀止生贄語」および「飛騨国猿神止生贄語」として、『宇治拾遺物語』では「吾嬬人止生贄事」として、「猿神退治」の型の説話が載せられている。

15 國學院大學説話研究会 編（伊藤龍平 責任編集）『福島県田村郡都路村説話集』二〇一五年、國學院大學説話研究会

16 『曽呂利物語』は、高田衛 編・校注『江戸怪談集』中（一九八九年、岩波書店）に翻刻がある。

17 伊藤龍平「翻刻『太平弁惑金集談』」國學院大學近世文学会 編『國學院大學近世文学会会報』六、二〇〇〇年、私家版

18 植村善博、治水神・禹王研究会『禹王と治水神研究会』二〇一九年、古今書院

19 ちなみに、水木しげるは「蛇骨婆」という妖怪（元ネタは鳥山石燕『今昔百鬼拾遺』）を解説する際に、福島県郡山市の蛇骨地蔵堂の伝説を紹介している。

水木しげる『日本妖怪大全』一九九一年、講談社

20 『二本松市史』八巻（各論編1、民俗）、一九八六年、二本松市

21 『宿直草』は、高田衛 編・校注『江戸怪談集』上（一九八九年、岩波書店）、高田衛ほか校訂『近世奇談集成㈠』（一九九二年、国書刊行会）に翻刻がある。

22 福島秋穂「記紀採録神話に見える櫛の呪力について」『国文学研究』五八号、一九七六年、早稲田大学国文学会

23 柳田國男『妹の力』一九四〇年、創元社

## 第二章　神・妖怪とヌシ

1 本章における要約・訓み下しは、日本古典文学大系の本文を参考にした。
秋本吉郎 校注『風土記』（日本古典文学大系2）一九五八年、岩波書店

2 『常陸国風土記』における土蜘蛛については左記論考を参照。
久保田昌子「『常陸国風土記』における土蜘蛛伝承の検討」『駒沢史学』九三、二〇一九年

3 赤坂憲雄『異人論序説』一九八五年、砂子屋書房

4 小島瓔禮 編『蛇の宇宙誌　蛇をめぐる民俗自然誌』一九九一年、東京美術

5 小松和彦『妖怪学新考　妖怪からみる日本人の心』一九九四年、小学館

6 吉井巖は左記論考で、ヌシの名をもつ神々が新しいことを指摘したうえで、「ヌシ（主）を名にもつ神は支配被支配、所有被所有、管掌被管掌という政治的社会的性格を一段と強く打ち出した神名と言えよう」と述べ、そこに「神観の変化」を読みとっている。
吉井巖「日本神話成立の基礎―『ヌシ』を名にもつ神々をめぐって―」『國文學　解釈と鑑賞』三七巻一号（日本神話の世界）、一九七二年、至文堂

7 吉井巖は、前掲論文（注6）において、直木孝次郎『奈良』（一九七一年、岩波書店）を批判的に引用しつつ、土地の旧支配者が信仰していた神が、新しい支配者にとって「土地の守護神であって、同時に祟り神である」存在になることを指摘している。ヌシを論じたわけではないが、ヌシの本質を衝いた発言だといえよう。

8 中央大学民族研究会「鳥取県気高郡気高町調査報告書」『常民』三〇号、一九九四年、中央大学民族研究会
9 長谷川清「曽根の切れ処」『美濃民俗』一九四号、一九八三年、美濃民俗文化の会
10 ヒキズリについては、太田和義氏・美穂氏のご教示によって知った。注（11）から（13）の資料も、太田氏のご提供による。
11 水谷すま子・並河晴夫 編『はしま市むかし話』一九八一年、羽島市子ども会育成協議会
12 並河晴夫 編『美濃国羽島市の伝説と史談』一九七七年、カヨウ出版
13 後藤昌美「「海用池の歴史と堀津」」二〇一六年、私家版
14 注（5）に同じ。
15 水木しげる『妖怪なんでも入門』（小学館入門百科シリーズ三七）一九七四年、小学館
16 水木しげる『日本妖怪大全』一九九一年、講談社
17 水木しげる『日本全国　神様百怪』二〇一〇年、小学館
18 鳥山石燕の妖怪画集は、高田衛 監修、稲田篤信・田中直日 編『画図百鬼夜行』（一九九二年、国書刊行会）に翻刻がある。
19 「妖怪名彙」については、左記書籍の巻末に載る小松和彦の解説が参考になる。
柳田國男 著、小松和彦 監修『新訂　妖怪談義』二〇一三年、KADOKAWA
20 水木しげる「原始さん」の初出は、『文藝春秋　漫画読本』一九六九年一〇月号、文芸春秋社。
21 清水潤「一九七〇年代の「妖怪革命」―水木しげる『妖怪なんでも入門』」一柳廣孝 編『オカルトの帝国―一九七〇年代の日本を読む』二〇〇六年、青弓社

## 第三章　ヌシとのつきあい方

1 細見正三郎「節分さんの福づけ」民話と文学の会 編『季刊民話』一巻一号、一九七五年、一声社
2 外山善八『民俗学と茨城』一九七八年、茨城民俗学会

3 福島彬人『奇々怪々あきた伝承』一九九九年、無明舎

4 玉木京 編『朽木の昔話と伝説』一九七七年、朽木村教育委員会

5 「河童の詫び証文」を、神仏に願いを立てる際に作られる願文《がんもん》を反転させたパロディと捉えることもできようが、ここでは人間同士の証文がヌシとの関係にも拡大して用いられたものとしておく。

6 巌谷小波 編『「説話」大百科事典 大語園』一九七八年、名著普及会 ※一九三五年、平凡社刊の『大語園』の復刻本に拠った。

7 寺石正路『土佐風俗と伝説』郷土研究社、一九二五年
なお、第二章で取り上げた水木しげる画の「大旅淵の蛇神」は、この話をもとにしている。

8 桂又三郎 編『岡山伝説集』一九三二年、文献書房

9 高木敏雄『日本伝説集』一九一三年、郷土研究社

10 愛媛県教育委員会『南宇和地域民俗資料調査報告書』一九七四年、愛媛県教育委員会

11 益田實 編『円池の竜』(ぬまづ昔ばなし 八)二〇〇二年、三明寺(大嶽正泰)

12 類感呪術に関する著作として、左記をあげておく。
ジェームズ・フレイザー著、神成利男 訳、石塚正英 監修『金枝篇』(全一〇巻)二〇〇四年〜、国書刊行会

13 高谷重夫「雨乞の一方法—汚穢による雨乞—」『近畿民俗』五八号、近畿民俗学会、一九七三年

14 國學院大學民俗学研究会 編『民俗採訪 秋田県山本郡二ツ井町旧響村』一巻一号、一九六九年、國學院大學民俗学研究会

15 中島繁男「雨乞い」『伊那』三三九号、一九五六年、伊那郷土史学

16 東洋大学民俗研究会「口承文芸」『長柄町の民俗—千葉県長生郡長柄町—』一九七二年、東洋大学民俗研究会

17 稲谷祐宣「川上郡成羽町中地区の雨乞い」『岡山民俗』七八号、一九六八年、岡山民俗学会

18 注(13)に同じ。

19 林宏「奥吉野の蛇と民俗」『近畿民俗』四四号、一九六八年、近畿民俗学会

20 早川正市「尾張十四村の伝説」『名古屋民俗』一九八五年、名古屋民俗研究会
21 執筆者名なし「信仰」『近畿民俗』一〇一～三年、一九八五年、近畿民俗学会
22 宮良高弘『北海道を探る』七（雨竜特集その一）、一九八五年、北海道みんぞく文化研究会
23 群馬県史編さん委員会 編『群馬県史』資料篇二七（民俗3 年中行事、口頭伝承）、一九八〇年、群馬県
24 鷹岡町教育委員会 編『鷹岡町の史蹟と伝説』一九五七年、鷹岡町教育委員会
25 春野町教育委員会 編『周北伝説集』一九六七年、春野町教育委員会
26 五百石区域小学校長会郷土史研究部『五百石地方郷土史要』一九三五年、五百石区域小学校長会郷土史研究部
27 早川幸太郎「河童俗伝」『民族』三巻五号、一九二八年、民族発行所
28 注(26)に同じ。
29 婦負郡町村会 編『婦負郡志』一九六七年、婦負郡志役所
30 谷垣桂蔵『兵庫県の秘境』一九六五年、のじぎく文庫
31 土橋里木『甲斐伝説集』一九五三年、山梨民俗の会
32 全国の皿屋敷伝説については、左記著作にくわしい。
伊藤篤『日本の皿屋敷伝説』二〇〇二年、海鳴社
33 鳥居龍蔵『極東民族』一編（東洋人種学叢書）一九二六年、文化生活研究会

## 第四章　ヌシの種類

1 執筆者名なし「口頭伝承」『近畿民俗』一〇一・一〇二・一〇三合併号（和歌山県本宮町共同調査報告）、一九八五年、近畿民俗学会
2 鈴木棠三『日本俗信辞典　動・植物篇』一九八二年、角川書店
3 東洋大学民俗研究会「口承文芸」『小泉の民俗―宮城県本吉郡旧小泉村―』一九八二年、東洋大学民俗研究会
4 井田安雄「群馬の伝説　（三）群馬の伝説の代表例」群馬県史編さん委員会『群馬県史』資料篇二七（民俗

３年中行事、口頭伝承)、一九八〇年、群馬県

5 注（3）に同じ。

東洋大学民俗研究会「口承文芸」『小泉の民俗―宮城県本吉郡旧小泉村―』一九八二年、東洋大学民俗研究会

6 國學院大學民俗文学研究会 編『伝承文芸 秋田県平鹿郡山内村昔話集』一七号、一九九〇年、國學院大學民俗文学研究会

7 注（2）に同じ。

8 中央大学民俗研究会「青森県西津軽郡車力村調査報告書」『常民』三四号、一九九七年、中央大学民俗研究会

9 羽山常太郎『安房の伝説』一九一七年、京房通報社

國學院大學説話研究会（責任編集：飯倉義之）『富浦町のはなし 千葉県安房郡富浦町』二〇〇二年、國學院大學説話研究会

10 茂木徳郎「妖怪変化・幽霊：事例篇」『宮城縣史』二一巻（民俗3）、一九五六年、宮城県史刊行会

11 野本寛一「動物との交流 心意の中の動物」『静岡県史』資料篇二三（民俗一）、一九八九年、静岡県

12 注（11）に同じ。

13 注（2）に同じ。

14 國學院大學民俗学研究会 編『民俗採訪 和歌山県西牟婁郡大塔村（旧冨里村）』昭和五一年度号、一九七七年、國學院大學民俗学研究会

15 山本隆「亀淵の話」『設楽』五号、一九三二年、設楽民俗研究会

16 三浦佑之『浦島太郎の文学史』一九八九年、五柳書院

林晃平『浦島伝説の研究』二〇〇三年、おうふう

17 わたしが國學院大學説話研究会の調査で山形県東田川郡朝日村を調査したのは、一九九二年八月。

18 武藤鉄城「鳥の俗信と魚の伝説」『旅と伝説』九巻四号、一九三六年、三元社

19 佐藤義則 編『羽前小国昔話集』一九七四年、岩崎美術社

20 宮城県 編『宮城縣史』二一巻（民俗3）、一九五六年、財団法人宮城県史刊行会
21 東京女子大学史学科民俗調査団「口承文芸」『奥州東白川の民俗　福島県東白川郡塙町大字川上』一〇号、一九七一年、東京女子大学史学科民俗調査団
22 平野馨 編『房総の伝説』一九七六年、第一法規出版
23 神奈川県企画調査部県史編集室 編『神奈川県史』各論編五（民俗）、一九七七年、神奈川県
24 片桐勇太郎「でんだな淵」『設楽』六号、一九三二年、設楽民俗研究会
25 林哲「弥六淵その他」『因伯民談』一巻四号、一九三六年、鳥取郷土会
26 田中喜多美「郷土伝説　岩手雑纂（三）」『旅と伝説』三巻一一号、一九三〇年、三元社
27 稲田浩二・立石憲利 編『奥備中の昔話』一九七三年、三弥井書店
28 松本実 編『物部村志』一九六三年、物部村教育委員会
29 注（2）に同じ。
30 武田明 編『阿波祖谷山昔話集』（日本昔話記録）、一九四三年、三省堂　※一九七三年に『徳島県井内谷昔話集』と改題されて、三省堂から復刊される。
31 山田紀元「風土記・風俗帳：九　安政二年標葉郡誌」『福島県史』二四（民俗二）福島県文書広報部（巌南堂書店）
32 『日本の伝説』八（東海）、刊年不明、教育図書出版山田書院　※渡辺昭五 編『日本伝説大系』第七巻（中部編、一九八二年、みずうみ書房）に拠る。
33 中央大学民俗研究会「石川県鳳至郡門前町調査報告書」『常民』二七号、一九九一年、中央大学民俗研究会
34 望月禮子「河童・天狗など」『女性と経験』一巻二号、一九五六年、女性民俗研究会
35 篠田知和基『龍蛇神と機織姫　文明を織りなす昔話の女たち』一九九七年、人文書院
36 吉田裕美「伝説における機織りの表象―水底に機を織る女性がいるとされる　伝説の場合―」『昔話伝説研究』三〇号、二〇一〇年、昔話伝説研究会

37 注（2）に同じ。

38 那須晴次『伝説の熊野』一九三〇年、郷土研究会

39 和田烏江『異説まちまち』（近世中期）同書の翻刻は『日本随筆大成』一期一七巻（新装版、一九七六年、吉川弘文館）に載る。

40 筒井裕「「祭礼文化圏」の継承に関する一詩論―愛媛県宇和島地方の牛鬼行事　を事例として―」『國學院大學研究開発推進センター研究紀要』七、二〇一三年、國學院大學研究開発推進センター

41 武井武雄『日本郷土玩具』（東の部）一九三〇年、地平社書房

42 小山有言『伊豆の伝説』一九四三年、安川書店

43 注（11）に同じ。

44 注（11）に同じ。

45 注（11）に同じ。

46 影山正美「「椀貸し伝説」考―「市」の始原的風景を探る―」『甲斐路』七〇号、一九九一年、山梨郷土研究会

47 注（46）に同じ。

48 中野象吾『伝説の越後と佐渡』一九二三年、銀鈴社

49 細川修・松本清人「口頭伝承　水の伝説」『長野県史』民俗編（中信地方　ことばと伝承）、一九九〇年、長野県史刊行会

50 高木敏雄『日本伝説集』一九一三年、郷土研究社

51 静岡県女子師範学校郷土研究会 編『静岡県伝説昔話集』一九三四年、谷島屋書店

52 石田英一郎『河童駒引考　比較民族学的研究』一九四八年、筑摩書房

53 國學院大學民俗学研究会 編『民俗採訪　青森県下北郡東通村』昭和三七年度号、一九六四年、國學院大學民俗学研究会

54 浜口嘉寿夫「伝説」『新潟県史』資料篇二三（民俗二）、一九八四年、新潟県

55 高木敏雄 編『日本伝説集』一九一三年、郷土研究社
56 金子八郎「郷土の伝説」『高志路』五巻二号、一九三九年、新潟民俗学会
57 高萩市教育委員会 編『高萩の昔話と伝説』一九八〇年、高萩市
58 小泉清見『長野県伝説集』一九三一年、民族学会 ※『民俗学』三巻一〇号抜刷とあるが、詳細不明。
59 兵庫県教育委員会文化課 編『但馬海岸』一九七四年、兵庫社会文化協会
60 納富重雄「浄蓮の瀧に絡まる伝説」『旅と伝説』七巻四号、一九三四年、三元社
61 福島県立相馬女子高等学校生徒会郷土研究クラブ 編『相馬伝説集』一九五〇年、福島県立相馬女子高等学校生徒会
仏教では、龍は神聖視される一方で、「龍畜」といって畜類と見なされることもあった。「龍女成仏」と合わせて、ヌシ伝承にアプローチする際のヒントがここにあると思われる。
62 山本ひろ子『変成譜　中世神仏習合の世界』一九九三年、春秋社

## 第五章　ヌシの行動学

1 『雍州府志』の翻刻は、野間光辰 編『新修京都叢書』一〇巻（一九六八年、臨川書店）などがある。
2 伝説そのままではないが、岡本綺堂は「半七捕物帳」に「帯取りの池」を（『文芸倶楽部』一九一八年、博文館）、三島由紀夫は歌舞伎の戯曲として「むすめごのみ帯取池」（一九五八年）を書いている。なお、三島の作品は山東京伝『桜姫全伝曙草紙』（一八〇五年）中の一編「蝦蟇丸伝帯取池記」をアレンジしたもの。
3 広島県教育委員会 編『広島県の民話と伝説』（広島県文化財調査報告　第八集）一九七〇年、広島県教育委員会
4 野村伝四「南大和の伝説」『旅と伝説』一二巻一号、一九三九年、三元社
5 井上頼数「憑物雑話六則」『民俗と歴史』八巻一号、日本学術普及会
6 陸前高田市史編集委員会 編『陸前高田市史』六巻（民俗編　下）一九九二年、陸前高田市
7 柳田國男『妖怪談義』一九五七年、修道社

8 郷土の民話但馬地区編集委員会 編『郷土の民話 但馬篇』、一九七三年、兵庫県学校興生会

9 『粟の落穂』は、阿波郷土研究会による翻刻がある（一九三九年）。

10 中央大学民俗研究会 編『常民 石川県鳳至郡門前町調査報告書』二七号、一九九一年、中央大学民俗研究会

11 立命館大学説話文学研究会 編「昭和五三年度・五四年度幡多郡西土佐村採集調査稿」（未刊資料）※福田晃編『日本伝説大系』一二巻（一九八二年、みずうみ書房）に拠った。

12 一宇村史編纂委員会 編『一宇村史』一九七二年、徳島県美馬郡一宇村役場

13 大谷女子大学説話文学研究会 編『浅川・川東伝説世間話集 徳島県海部郡海南町 昭和四十六年度採訪報告』一九七三年、大谷女子大学説話文学研究会

14 執筆者名なし「口頭伝承」近畿民俗学会 編『近畿民俗』一〇一・一〇二・一〇三合併号（和歌山県本宮町共同調査報告）、一九八五年、近畿民俗学会

15 安西愈「水辺怪異」ひでばち民俗談話会 編『ひでばち』七号、一九五七年、ひでばち民俗談話会

16 坂本光雄「煤ヶ谷村話」山村民俗の会 編『あしなか』三号、山村民俗の会

17 早川孝太郎「河童俗伝」民族発行所 編『民族』三巻五号、一九二八年

18 下島賢二、亀割竜二、福沢正紀、福沢俊之「下条村の伝説」『伊那』一九巻二号、一九七一年、伊那史学会

19 井田安雄「群馬の伝説」群馬県史編さん委員会 編『群馬県史』資料編二七（民俗三）一九八〇年、群馬県

20 川越市教育委員会社会教育課 編『川越の昔話』一九八一年、川越市教育委員会

21 柳田國男「妖怪名彙」『妖怪談義』（一九五七年、修道社）所収。

22 上富田町 編『上富田町史』資料編下、一九九二年、上富田町

23 長野県史刊行会 編『長野県史 民俗編』三巻三（中信地方 ことばと伝承）一九九〇年、長野県史刊行会

24 榎森進・道家康熙・浅井政俊 編『北海道の古都松前』一九七三年、松前町

25 岩崎新之助 編『丸岡町の伝説』一九七二年、丸岡町公民館

26 芥川龍之介「龍」は『中央公論』一九一九年五月号。芥川が典拠としたのは『宇治拾遺物語』巻一一第六「蔵

人得業猿沢池ノ龍ノ事」。

27 『絵本百物語』は、多田克己 編『絵本百物語―桃山人夜話―』（二〇〇三年、国書刊行会）に翻刻と現代語訳が載る。

28 上方郷土研究会 編『上方』二二号、一九三二年、創元社

29 笹本正治『蛇抜・異人・木霊―歴史災害と伝承―』一九九四年、岩田書院
齊藤純「蛇抜けと法螺抜け―天変地異を起こす怪物」小松和彦 編『怪異・妖怪文化の伝統と創造―ウチとソトの視点から―』二〇一五年、国際日本文化研究センター

30 雑賀貞次郎 編『牟婁口碑集』（炉辺叢書）一九二七年、郷土研究社

31 市原麟一郎 編『阿波池田の民話 徳島』（語りによる日本の民話 四）一九八七年、国土社

32 「あかがり大太」の「あかがり」は手足にあった大きな胝《あかがり》（あかぎれ）のこと。蛇の血筋を引くがゆえの聖痕と見てよかろう。一方、大太《だいた》は巨人ダイタラボッチ伝承の「ダイタ」と関連があると思われる。いずれ、象徴的な名前であった。

33 大谷女子大学説話文学研究会 編『両津市昔話集』（昭和五二年度採訪報告）下、一九七九年、大谷女子大学説話文学研究会

34 國學院大學民俗文学研究会 編『伝承文芸 新潟県佐渡郡畑野町昔話集』二〇号、二〇〇一年、國學院大學民俗文学研究会

35 倉田隆延・福田晃・藤島秀隆・渡辺昭五 編「昭和四六年度國學院大學口承文芸学術調査団採集調査稿」（未発表資料） ※福田晃 編『日本伝説大系 四国（香川・愛媛・徳島・高知）』一二巻（一九八二年、みずうみ書房）に拠った。

36 金沢口承文芸研究会 編『金沢の昔話と伝説』（金沢市口頭伝承調査報告書）一九八一年、金沢市教育委員会

37 近藤祐一 編『長崎の昔ばなし』第一集、出版年不明、竹下隆文堂

38 荒木博之 編『日本伝説大系』一〇巻、一九八七年、みずうみ書房

39 大谷女子大学説話文学研究会 編『広見町昔話集』（昭和四七年度採訪報告）下、一九七四年、大谷女子大学説話文学研究会
40 田島房子『おみきばばちゃの夜噺』一九八八年、講談社出版サービスセンター

## 第六章　ヌシの社会

1 『遠野物語』二七話の「沼神の手紙」は、後半の展開が家系伝承となっている点に特色がある。「己が命の早使い」は『新小説』一六年一二巻（一九一一年、春陽堂）に掲載されたのち、『妖怪談義』（一九五七年、修道社）に収録された。
柳田國男『遠野物語』一九一〇年、私家版
2 佐々木徳夫 編『みちのくの海山の昔』一九七五年、講談社
3 「水の神の文使い」「手紙の書き換え」ともに、文責は松浪久子。
稲田浩二ほか 編『日本昔話事典』一九七七年、弘文堂
4 関敬吾 編『日本昔話大成』六巻（一九七八年、角川書店）には、日本における「沼神の手紙」は、西日本に極めて少なく、東北地方に偏って伝承されていること、昔話ではなく伝説として伝承されていることが指摘されている。
5 伊勢参りを論じた本は数多いが、ここではとくに左記書籍をあげておく。
金森敦子『伊勢詣と江戸の旅　道中日記に見る旅の値段』二〇〇四年、文藝春秋
6 昔話には飛脚が登場するものがあるが、それも時代の変遷とともに理解がしづらくなり、語り手による聞き手（主に子ども）への注釈が必要となっていった。この点については左記拙稿で論じた。
伊藤龍平「昔話「鍛冶屋の婆」と語り手たちの〈世間〉」日本昔話学会 編『昔話―研究と資料―』三二号、二〇〇五年
7 武田正『眺峠のとんと昔』二〇〇一年、伏見書店

8 垣田五百次・坪井忠彦 編『口丹波口碑集』（炉辺叢書）一九二五年、郷土研究社

9 武田明 編『阿波祖谷山昔話集』（日本昔話記録）、一九四三年、三省堂 ※一九七三年に『徳島県井内谷昔話集』と改題されて、三省堂から復刊される。

10 北設楽郡史編纂委員会 編『北設楽郡史』一巻（民俗資料編）一九六七年、設楽町

11 飯野頼治「秩父浦山に生きて」山村民俗の会 編『あしなか』二三六号、一九九四年、山村民俗の会

12 井上正一「奥丹後物語　草稿」民話と文学の会 編『季刊民話』一巻一号、一九七五年、一声社

13 由利町史編さん委員会 編『由利町史』一九七〇年、由利町

14 東洋大学民俗研究会 編『富山旧白萩村の民俗―富山県中新川郡上市町旧白萩村―』一九六七年、東洋大学民俗研究会

15 広島県教育委員会 編『広島県の民話と伝説』（広島県文化財調査報告　第八集）一九七〇年、広島県教育委員会

16 小柴直矩 編『越中伝説集』（富士郷土叢書七）一九三七年、中田書店

17 群馬県史編さん委員会 編『群馬県史』資料編二七（民俗三）一九八四年、群馬県

18 稲田浩二・笠井典子 編『近江愛知川町の昔話　滋賀県愛知郡愛知川町』一九七二年、滋賀県愛知郡愛知川町

19 湖東町教育委員会 編『湖東町のむかし話』（ふるさと近江伝承文化叢書）一九七九年、サンブライト出版

20 成瀬昌示『越中八尾歴史物語』一九七四年、婦南新聞社

21 細川修・松本清人 編「口頭伝承」『長野県史』民俗編（東信地方）一巻三号、一九八七年、長野県史刊行会

22 三朝町『三朝町誌』続、一九六八年、三朝町

23 林下数馬「新田野の大蛇伝説」飛騨考古土俗学会 編『ひだびと』四巻二号、一九三六年、飛騨考古土俗学会

24 三瓶町誌編さん委員会 編『三瓶町誌』下、一九八三年、三瓶町誌

25 ヌシ伝承も虫送り伝承もともに多様であり、両者を等号で結べないのは無論のことである。本文で指摘した事柄は、ヌシ伝承の一部が、虫送り伝承の発想に重なったに過ぎない。

26 境吉之丞『平郡島史』一九七八年、境康喜

27 武田正・大友義助「最上川物語」民話と文学の会 編『季刊民話』二号、一九七五年、一声社

28 生稲謹爾 編『富浦町の昔話』第二集、二〇〇六年、富浦エコミューゼ研究会

29 立石憲利 編『馬の尻のぞき　角南精三の昔話（岡山県久米郡柵原町）』一九七八年、私家版

30 柳田國男「物言う魚」『方言と国文学』一九三二年一月号、国語研究社（のち、『一つ目小僧その他』一九三四年、小山書店）

31 後藤明『「物言う魚」たち―鰻・蛇の南島神話―』一九九九年、小学館

## 第七章　ヌシVSヌシ

1 『もののけ姫』の世界観に影響をあたえた人物として、公開当時から名があがっていたのが、歴史学者の網野善彦である。今後の作品論では、網野的中世観の妥当性をふくめた議論が必要になるだろう。
網野善彦『無縁・公界・楽　日本中世の自由と平和』一九七八年、平凡社

2 下野民俗研究会 編『栃木の伝説』一九七九年、日本標準

3 栗原久「人々を楽しませる赤城山の魅力(2)　赤城山をめぐる伝説とそのルーツの考察」東京福祉大学 編『東京福祉大学　大学院紀要』四巻二号、二〇一四年、東京福祉大学

4 山本節「鯉と鰐の伝承―琵琶湖の派遣闘争をめぐって―」『比較神話学国際シンポジウム　海の神話　神々と怪物』二〇〇四年　※のち、『異怪と境界―形態・象徴・文化―』上巻（文献資料編）二〇一一年、岩田書院

5 東洋大学民俗研究会 編『奴奈川の民俗―新潟県東頸城郡松代町奴奈地区―』昭和五九年度号、一九八五年、東洋大学民俗研究会

6 注（5）に同じ。

7 郷土の民話但馬地区編集委員会 編『郷土の民話　但馬篇』一九七三年、兵庫県学校興生会

8 柳田國男『遠野物語』一九三五年、私家版

9 『甲斐国志』は、佐藤八郎 校訂『大日本地誌大系』四四～四八巻（一九九八年、雄山閣）に翻刻がある。

10 佐藤義則 編『羽前・最上小国郷夜話』一九六四年、山形郷土文化研究所
11 山形県立山形東高等学校郷土研究部 編『山形県伝説集・総合編』一九六〇年、高橋書店
12 大友義助 編『新庄最上地方伝説集』一九六九年、新庄市役所商工課
13 注(12)に同じ。
14 伊沢英次 編『山寺名勝志』一九〇八年、保砬会
15 近藤喜一 編『信達民譚集』一九二八年、郷土研究社
16 国見町 編『国見町史』一巻(通史・民俗)一九七七年、国見町
17 松本実 編『韮生雑記　むかしまっこう』一九七八年、クズメ印刷
18 注(17)に同じ。
19 桂井和雄 編『土佐の伝説』I、一九五一年、高知県社会福祉協議会
20 大内尚樹「松の民俗伝承」山村民俗の会 編『あしなか』一〇五号、一九六七年、山村民俗の会
21 清和村誌編纂委員会 編『清和村誌』一九七六年、清和村
22 「蟹報恩」譚は、寺院や地名と結びついて伝説化する一方、昔話としても、全国で語り伝えられていた。関敬吾 編『日本昔話大成』(一九七八年、角川書店)には、北は青森県から南は長崎県まで、四九話例が報告されている。
23 関根綾子「蟹満寺縁起と昔話—蟹満寺縁起の形成をめぐって—」昔話伝説研究会 編『昔話伝説研究』一八号、一九九七年、昔話伝説研究会
24 大和町史編さん委員会 編『大和町史』一九七五年、大和町教育委員会
25 梁川町 編『梁川町史』一二巻(口伝え民俗編II)、一九八四年、梁川町
26 須藤克三ほか 編『日本の伝説』四(出羽の伝説)、一九七六年、角川書店
27 中野城水 編『伝説の越後と佐渡』一九二三年、銀鈴社
28 渡辺尚志『百姓たちの水資源闘争　江戸時代の水争いを追う』二〇一四年、草思社

29 佐々木徳夫 編『陸前昔話集』（全国昔話資料集成二九）一九七八年、岩崎美術社

30 宮城県史編纂委員会 編『宮城縣史』二一巻（民俗三）一九五六年、宮城県史刊行会

31 注（30）に同じ。

32 注（30）に同じ。

33 伊藤慎吾『擬人化と異類合戦の文芸史』二〇一七年、三弥井書店

34 番匠克二「戦場ヶ原における湿原保全対策の変遷とその方針に関する研究」日本造園学会 編『ランドスケープ研究』七二巻五号、二〇〇九年、日本造園学会

番匠克二「日光国立公園戦場ヶ原湿原における保全意識と保全対策の変遷」日本造園学会 編『ランドスケープ研究』七四巻五号、二〇一一年、日本造園学会

## 第八章 ヌシが人になる

1 北郷剛一「沼の主」宮城県教育会 編『郷土の伝承』一号、一九三一年、宮城県教育会

2 『想山著聞奇集』は、森銑三・鈴木棠三 編『日本庶民生活資料集成』一六巻（奇談・紀聞）（一九七〇年、三一書房）に翻刻が載る。

3 林魁一「『カオロ』の僧に化したる話」『民俗学』五巻九号、一九三三年、岡書院

4 『老媼茶話』は、高田衛・高橋明彦 校訂『近世奇談集成』一（叢書江戸文庫二六、一九九二年、国書刊行会）に翻刻が載る。

5 岩手県教育会 編『岩手郡誌』一九四一年、岩手県教育会岩手郡部会

6 大川町史編集委員会 編『大川町史』一九七八年、大川町
なお、同郡白鳥村（現在の東かがわ市）にも、阿波国（現在の徳島県）から来た漁師に、鵜飼い漁を止めさせようとするヌシの話がある。こちらの話のヌシは僧侶に変身して忠告するが、聞き入れられなかったため、力づくで漁を中止させせようとするが（鵜を水中に引きずり込んだという）、結局は漁師に殺されてしまう。

森永信夫「大川郡白鳥町の昔話」四国民俗学会 編『四国民俗』七号、一九八〇年、四国民俗学会
7 軽米町誌編纂委員会 編『軽米町誌』一九七五年、軽米町
8 真鍋健一「奥多摩天狗抄」山村民俗の会 編『あしなか』四六号、一九五五年、山村民俗の会
9 林宏「奥吉野の蛇と民俗」近畿民俗学会 編『近畿民俗』四四号、一九六八年、近畿民俗学会
10 東洋大学民俗研究会 編『南部川の民俗─和歌山県日高郡南部川村旧高城・清川村─』昭和五五年度号、一九八一年、東洋大学民俗研究会
11 柳田國男「魚王行乞譚」は『改造』一二巻一号（一九三〇年、改造社）で発表されたのち、『一つ目小僧その他』（一九三四年、小山書店）に収録された。
12 『宿直草』は、高田衛 校注『江戸怪談集』上（一九八九年、岩波文庫）、高田衛・高橋明彦 校訂『近世奇談集成』一（叢書江戸文庫二六、一九九二年、国書刊行会）に翻刻が載る。
13 狂言「釣狐」は怪談とも笑話とも受け取れる内容に特徴がある。その形成過程について論じたものに左記がある。
田口和夫「〈釣狐〉の形成と展開─鷺流狂言史の一面─」『藝能史研究』七四号、一九八九年
14 『絵本百物語』は、多田克己 編『絵本百物語─桃山人夜話─』（二〇〇三年、国書刊行会）に翻刻と現代語訳が載る。
15 大宮市史編さん委員会 編『大宮市史』五巻（民俗・文化財編）一九八九年、大宮市
16 浦和市総務部市史編さん室 編『浦和市史』民俗編、一九八〇年、浦和市
17 朴沢謙一郎 編『民話の平泉』一九七〇年、北上書房
18 遠藤秀男『人穴と家康─富士西麓の伝説─』一九六三年、国際開発
19 関西外国語大学 編『青谷町の伝承　鳥取県気高郡青谷町』二〇〇一年、関西外国語大学民俗学談話会
なお、鳥取県・島根県には類似した伝承を持つ池や沼が多く、本文で紹介したのはその一例に過ぎない。
20 田川尚美・塩田弥子・中俣とし子・中村啓吾・岡田喜代子「口承文芸」中京大学民俗学研究会 編『中京民俗』二九号、一九九二年、中京大学民俗学研究会

21 妙高村史編さん委員会 編『妙高村史』一九九四年、妙高村

22 山本修之助『佐渡の伝説』一九八六年、佐渡郷土文化の会

23 小野忠孝・土橋里木 編『日本の民話』八巻（上州・甲州篇）、一九七四年、未来社

24 ジャン・ハロルド・ブルンヴァン 著、大月隆寛・菅谷裕子・重信幸彦 訳『消えるヒッチハイカー 都市の想像力のアメリカ』一九八八年、新宿書房

25 ハワイの例については、ブルンヴァンの前掲書（注24）参照。台湾の例については、左記拙著参照。

伊藤龍平・謝佳静『現代台湾鬼譚 海を渡った「学校の怪談」』二〇一〇年、青弓社

26 堤邦彦「水精の遺鱗―仏教唱導と民談の交流―」世間話研究会 編『世間話研究』一二号、二〇〇二年（のち、堤邦彦『江戸の高僧伝説』二〇〇八年、三弥井書店）

なお、タクシー幽霊については、戸塚ひろみ、一柳廣孝に論考がある。

戸塚ひろみ「空間の「怪異」・埋葬の「空間」―東京青山墓地怪異譚考―」世間話研究会 編『世間話研究』一二号、二〇〇二年、世間話研究会

一柳廣孝『怪異の表象空間―メディア・オカルト・サブカルチャー―』二〇二〇年、国書刊行会

27 松谷みよ子 編『現代民話考 木霊・蛇』九、一九九四年、立風書房

28 井田安雄「群馬の伝説」『群馬県史』資料編二七（民俗三）一九八二年、群馬県

29 南魚沼郡誌編纂委員会 編『南魚沼郡誌』下巻、一九七一年、新潟県南魚沼郡町村会

30 下島賢二・亀割竜二・福沢正紀・福沢俊之「下条村の伝説」伊那史学会 編『伊那』一九巻二号、一九七一年、伊那史学会

31 國學院大學民俗学研究会 編『民俗採訪 高知県幡多郡西土佐村 茨城県稲敷郡美浦村』四二集、一九九一年、國學院大學民俗学研究会

32 町田市文化財保護審議会 編『町田の民話と伝承』第二集、一九九八年、町田市教育委員会

33 杉原丈夫 編『越前の民話』一九六六年、福井県郷土誌懇談会

34 ただし「タクシー幽霊」の日本における古例として言及されることが多い『諸国百物語』の話は「幽霊が乗り物（駕籠）で移動する」というモチーフ意外に共通点がない。両者間の伝承関係も想定しがたく、モチーフの偶然の一致に過ぎないだろう。なお、『諸国百物語』は、太刀川清 校訂『百物語怪談集成』（叢書江戸文庫、一九八七年、国書刊行会）、高田衛 校注『江戸怪談集』下（一九八九年、岩波書店）に翻刻が載る。
余談だが、先般、神奈川県立歴史博物館が開催した特別展「錦絵にみる明治時代」で展示されていた『大阪新聞錦絵』二号（一八七五年頃）の記事は、「タクシー幽霊」の話型の古例として指摘できる。内容は――人力車夫が乗せた三人の子どもが、目的地に着くと消えていた。疱瘡神だったらしい――というもの。同錦絵は、左記の図録に収録されている。

35 神奈川県立歴史博物館 編『特別展　錦絵にみる明治時代―丹波コレクションが語る近代日本―』二〇二一年、神奈川県立歴史博物館

## 第九章　人がヌシになる

1 宮崎村誌編纂委員会 編『宮崎村の歴史と生活　舟と石垣の村』一九五四年、宮崎村

2 巖谷小波 編『「説話」大百科事典 大語園』一九七八年、名著普及会　※一九三五年、平凡社刊の『大語園』の復刻本に拠った。

3 野村純一・野村敬子 編『雀の仇討』一九七六年、東北出版企画

4 瀬川拓男・松谷みよ子 編『日本の民話』二巻（秋田・出羽篇）一九七四年、未来社

5 群馬県史編さん委員会 編『群馬県史』資料編二七（民俗三）一九八〇年、群馬県

6 東洋大学民俗研究会 編『長柄町の民俗―千葉県長生長柄町―』一九七一年、東洋大学民俗研究会

7 藤島秀隆 編『金沢の昔話と伝説』一九八一年、金沢市教育委員会

8 高橋実「真人貉」『高志路』一九三号、一九六一年、新潟県民俗学会

9 辰子姫の像は田沢湖畔にあり、観光資源となっている。建てられたのは一九六八年、高度経済成長下、国内

旅行が盛んになり、地域の伝承が見直されつつある時期だった（国鉄のディスカバージャパン・キャンペーンの開始が一九七〇年）。伝説が観光と結びつくことは珍しくないが、辰子がヌシ化する以前の人間の姿で彫像されている点は押さえておきたい。

10　東洋大学民俗研究会 編『南部川の民俗―和歌山県日高郡南部川村旧高城・清川村―』一九八一年、東洋大学民俗研究会

11　東京女子大学史学科郷土調査団 編『猪苗代湖南の民俗　福島県郡山市湖南町三代』八号、一九七〇年、郡山地方史研究会

12　國學院大學民俗学研究会 編『民俗採訪　新潟県西頸城郡名立町　石川県石川郡河内村』昭和五二年度号、一九七八年、國學院大學民俗学研究会

13　長野県南佐久郡誌編纂委員会 編『南佐久郡誌』民俗編、一九九一年、長野県南佐久郡誌刊行会

14　長野県『長野県史』一巻（民俗編）一九八七年、長野県史刊行会

15　石井正己・遠野高校社会科研究会 編『上閉伊今昔物語』（遠野叢書一）二〇〇八年、東京学芸大学

16　佐野一丸「山香村伝説集　磐田郡」浜松子供協会土のいろ社 編『土のいろ』五巻四号、一九二八年、ひくまの出版

17　小山枯柴 編『遠江の伝説』一九四二年、安川書店

18　中村治四郎『霧島山』一九四三年、朋文堂

19　寺石正路「土佐伝説三篇」『旅と伝説』二巻七号、一九二九年、三元社

20　青森県史編さん民俗部会 編『青森県史』民俗編、二〇〇一年、青森県

21　武田正、大友義助「最上川物語」『季刊民話』二号、一九七五年、一声社

22　『昭和四十五年度国学院大学口承文芸学術団採集調査稿』※未発表資料。福田晃 編『日本伝説大系』一二巻（一九八二年、みずうみ書房）に拠る。同書巻末の「使用資料一覧」には「昭和四六年度」と載る。

23　『鳥取県郷土調査』五七巻、一九三六年前後　※地域の尋常小学校が編纂したシリーズ物の一冊。野村純一

編『日本伝説大系』一一巻（一九八四年、みずうみ書房）に拠る。

24 市川民話の会『市川の伝承民話』一九九二年、市川市教育委員会

25 土橋里木 編『甲斐伝説集』（甲斐民俗叢書二）、一九五三年、山梨民俗の会

26 林武男「池沼淵井等の伝説比較」『民族』三巻四号、一九二八年、民族発行所

27 大宮町史編さん委員会 編『大宮町史』一九七七年、大宮町

28 柳田國男「年中行事調査標目」『旅と伝説』七巻一号、一九三四年、三元社
なお、平家の亡霊が変じた水棲生物については、左記拙著参照。
伊藤龍平『江戸幻獣博物誌—妖怪と未確認動物のはざまで—』二〇一〇年、青弓社

29 注（2）に同じ。

30 高橋在久 編『日本の民話　房総の民話』一九六〇年、未来社

31 『伽婢子』の翻刻はいくつかあるが、ここでは左記に拠った。
高田衛 校注『江戸怪談集』中、一九八九年、角川書店

32 田中喜多美「郷土伝説—岩手雑纂（一）—」『旅と伝説』三巻八号、一九三〇年

33 静岡県女子師範学校郷土研究会 編『静岡県伝説昔話集』一九三四年、谷島屋書店

34 柳田國男は、姥神が水辺に祀られていることが多いことから、水に身を投げて死んだ女性の霊と説明されるようになったのではないかと推察している。
柳田國男『日本神話伝説集』一九二九年、アルス

35 田中勝雄「山水伝説—続南条民譚雑録（二）—」『旅と伝説』一〇巻一〇号、一九三七年、三元社

36 鳥山石燕『画図百鬼夜行』は、国書刊行会（高田衛 監修、稲田篤信・田中直日 編）から翻刻が出ている。

37 大平喜間多 編『松代町史』下巻、一九二九年、松代町

38 中野象吾『伝説の越後と佐渡』一九二三年、銀鈴社

39 『江戸名所図会』は、筑摩書房（市古夏生・鈴木健一 校訂、一九九七年）、角川書店（鈴木棠三・朝倉治彦

校訂）から翻刻が出ている。

40 安芸市ビデオプロダクション 編『安芸の民話』第一集、一九七九年、安芸市教育委員会

41 小野忠孝・土橋里木 編『日本の民話』八巻（上州・甲州篇）、一九七四年、未来社

42 國學院大學民俗学研究会 編『民俗採訪』昭和三一年度号、一九五七年、國學院大學民俗学研究会

43 つり人社出版部 編『水辺の怪談―釣り人は見た―』二〇〇三年、つり人社

44 二本松康宏 監修、伊藤優華・藤井優・橘髙里 編『春野のむかしばなし』二〇一九年、三弥井書店

45 CSフジテレビ「実話怪談倶楽部」は、兵動大樹が司会の怪談ライブ番組。本文で紹介した城谷歩、田中俊行、BENが登場したのはいずれも二〇二〇年。

## 第十章　文学のなかのヌシ

1 斎藤隆介『八郎』の初出は『秋田中学生新聞』で、一九五〇年に連載された。単行本は一九六七年に、福音館書店から刊行された。

2 進藤孝一・長山幹丸 著、秋田県教育庁社会教育課博物館準備事務局 編『秋田の昔話と伝説』一九七三年、秋田県教育庁社会教育課博物館準備事務局

3 注（2）に同じ。

4 注（2）に同じ。

5 田村八重子「太平の昔話・伝説ほか」『秋田民俗』第五号、一九七七年、秋田県民俗研究会

6 協和村郷土誌編纂委員会 編『協和村郷土誌』一九六八年、協和村教育委員会

7 武藤鉄城『秋田伝説集　仙北郡』一九五〇年頃（未定稿）※野村純一 編『日本伝説大系　南奥羽・越後（山形・福島・新潟）』二巻（一九八五年、みずうみ書房）に拠る。

8 注（7）に同じ。

9 國學院大學民俗文学研究会 編『伝承文芸　由利地方昔話集』第一一号、一九七四年、國學院大學民俗文学

研究会

10 九戸郡山形村教育委員会 編『山形村昔話集』一九七五年、山形村

11 井上武兵衛『夜籠雑談噺』一八四五年　※新秋田叢書編纂委員会 編『新秋田叢書』第三期一一巻、一九七六年、歴史図書社

12 松谷みよ子『長編童話　龍の子太郎』一九六〇年、講談社

13 松谷みよ子『民話の世界』二〇〇五年、ＰＨＰ研究所　※本書で引用したのは二〇一四年に講談社から刊行された版。

14 柳田國男『桃太郎の誕生』一九三三年、三省堂

15 桃太郎の花嫁の問題については『桃太郎の誕生』（注（14）参照）で、「勝々山」の問題については、『昔話と文学』（一九三八年、創元社）で、それぞれ論じられている。

16 五十嵐小文治伝説については、『日本伝説大系　南奥羽、越後編』三巻（一九八二年、みずうみ書房）に話例が八つ載せられている。典型例として挙げられているのは、栃尾市史編集委員会『栃尾市史資料』第一二集（一九七五年、栃尾市史編集委員会）所収の話。

17 伊藤太郎 編『犬に呑まれた嫁　巻町の民話』（巻町双書 第一九集）一九七三年、巻町役場

18 立石憲利 編『砂鉄の村の民話』一九八五年、美甘村教育委員会

19 松谷は龍の子太郎の干拓事業を肯定的に描いているが、鵜野祐介はこれに疑義を呈している。巨視的にみると、八郎も龍の子太郎も人間とともに干拓事業を進めるという展開になっており、一般的なヌシの行動原理を逸脱している。そこに両作品のメッセージ性が認められるのは確かで、作品理解のためにもヌシ伝承にたいする知識が必要である。
鵜野祐介『昔話の人間学　いのちとたましいの伝え方』二〇一五年、ナカニシヤ出版

20 泉鏡花『夜叉ヶ池』は、一九一三年に『演芸倶楽部』に発表された。本文は『夜叉ヶ池　天守物語』（一九八四年、岩波書店）からの引用。

21 泉鏡花『海神別荘』は、一九一四年に『中央公論』に発表された。

22 泉鏡花『天守物語』は、一九一七年に『新小説』に発表された。

23 揖斐川町 編『揖斐川町史』通史編、一九七一年、揖斐川町
なお、渡邊昭五 編『日本伝説大系　中部〔長野・静岡・愛知・岐阜〕』七巻（一九八二年、みずうみ書房）
によると、同郡春日村にも同様の伝説がある。

24 中井頼一『夜叉ヶ池の伝説』一九五七年、坂内村教育委員会

25 注（24）に同じ。

26 赤坂町史編纂委員会 編『赤坂町史』一九五三年、赤坂町

27 高谷は、左記著作の第三章第三節「雨乞の家筋―三輪伝説の一側面」で、この問題について考察している。
高谷によると、夜叉ヶ池周辺に、雨乞いの家筋は複数あったらしい。
高谷重夫『雨乞習俗の研究』一九八二年、法政大学出版局

28 國學院大學説話研究会 編『滋賀県湖北昔話集』一九八五年、國學院大學説話研究会

29 注（28）に同じ。

30 注（28）に同じ。

31 河合千秋『福井県の伝説』一九三六年、福井県鯖江女子師範学校郷土研究部

32 東洋大学民俗研究会 編『福井　旧上池田村の民俗―福井県今立郡池田町旧上池田村―』一九六八年、東洋
大学民俗研究会

33 『南越』一二号、一九六〇年、南越文化財研究協議会
福田晃 編『日本伝説大系』一九八七年、みずうみ書房

34 泉鏡花による『沈鐘』の翻訳が刊行されたのは一九〇八年（登張竹風との共訳）、版元は春陽堂だった。

35 只見町誌編さん委員会 編『只見町史』三巻（民俗編）、一九九三年、只見町

36 「白髭水」伝承については、左記論考を参照。

長谷川成一「近世十三湊に関する基礎的考察」『国立歴史民俗博物館研究報告』第六四集

37 板愈良「因伯伝説雑話（二）」『郷土趣味』二三号、一九二二年、郷土趣味社　鳥取県鳥取市

38 中伊豆町郷土委員会 編『大見の史話と伝説』一九八一年、中伊豆町郷土委員会

39 牛島盛光『肥後の伝説』一九七四年、第一法規出版

40 堀内庸堂 編『隅田町誌』一九三〇年、隅田町誌編纂会

41 窪田明治『江戸動物民話物語』一九七一年、雄山閣出版

42 柴胡庵 編『相模原の伝説』一九五四年、私家版

43 津久井町郷土誌編纂委員会 編『津久井町郷土誌』第九集、一九八〇年、津久井町教育委員会

44 茅ケ崎市 編『茅ケ崎市史』第三巻（考古・民俗編）一九八〇年、茅ケ崎市

45 高木敏雄 編『日本伝説集』一九一三年、郷土研究社

なお、高木は「沈鐘伝説」を「純粋沈鐘伝説」、「変形沈鐘伝説」、「鞍掛沼」の三種に分類していて、示唆的である。また、高木が収集した事例では、水底に沈んでいる鐘が人語を発している例が多く、特徴が見て取れる。

46 佐々木滋寛 編『筑前の伝説』一九三六年、九州土俗研究会

47 『笠埃随筆』は、『日本随筆大成』第二期一二巻（吉川弘文館、新装版は一九九四年刊）に翻刻がある。

48 『西遊記』は、『日本庶民生活資料集成』二〇巻（一九七二年、三一書房）、『東洋文庫』二四八・二四九（一九七四年、平凡社）、『新日本古典文学大系』九八（一九九一年、岩波書店）などに翻刻がある。

49 『南越』三四号、一九七二年、南越文化研究協議会

福田晃 編『日本伝説大系』一九八七年、みずうみ書房

50 月刊うおづ同人 編『伝説うおづ』一九八三年、月刊うおづ同人社

51 石岡市史編纂委員会 編『石岡市史』上巻、一九七九年、石岡市

52 古河市史編さん委員会民俗部会 編『古河の昔話と伝説』（古河市史資料　第六集）一九七八年、古河市教育委員会

53　北日本放送 編『伝説とやま』一九七一年、北日本放送

54　注（53）に同じ。

55　稲田浩二・笠井典子 編『近江竜王町の昔話』一九七一年、京都女子大学説話文学研究会

56　仮にいつか「ヌシの文学史」が編まれるときが来たとして、気をつけなければならないのは、水の神＝ヌシではないし、龍蛇＝ヌシでもない点である。本書の序に書いたとおりだが、この点にヌシ研究の難しさと面白さがある。

## 第十一章　現代のヌシ

1　伊藤龍平『江戸幻獣博物誌―妖怪と未確認動物のはざまで―』二〇一〇年、青弓社

2　更科源蔵『アイヌ伝説集』一九八一年、みやま書房

3　池田湖の龍神伝説は、江戸時代の地誌『三国名勝図会』（橋口兼古ほか編、一八四三年）に載せられており、左記サイトのように、しばしばイッシーと関連づけて説明される。
『日本伝承大鑑』http://japanmystery.com（二〇二二年閲覧）

4　矢口高雄『釣りキチ三平』の「O池の滝太郎」というエピソードの初出は『週刊少年マガジン』五・六～二九号（一九七五年）。矢口には、ツチノコを扱った『バチヘビ』という作品もある。

5　伊藤龍平『ツチノコの民俗学―妖怪から未確認動物へ―』二〇〇八年、青弓社

6　民俗学者によるゴジラ論としては、赤坂憲雄の左記論考が参考になる。
赤坂憲雄「ゴジラは何故皇居を踏めないか？」
赤坂憲雄「バランとラドンは何故ほろぼされるか？」
ともに『怪獣学・入門』（別冊宝島・映画宝島）一九九二年、ＪＩＣＣ出版局

7　渡辺節子『奥多摩の世間話―ダムに沈んだ村で人々が語り伝えたこと―』二〇一一年、青木書店

8　本話のタイトルでは「冷泉院」となっているが、本文中では「陽成院」となっている。ここでは、本文に合

わせて「陽成院」とした。
9 柳田國男 編『民俗学辞典』一九五一年、東京堂出版
10 漆原友紀『水域』二〇一一年、講談社
11 漆原友紀『蟲師』二〇〇〇～八年、講談社
12 里山の観点から宮崎作品を考察したものに左記がある。
小野俊太郎『「里山」を宮崎駿で読み直す 森と人は共生できるのか』二〇一六年、春秋社
13 環境省パンフレット『里地里山とは 古くて新しいいちばん近くにある自然』https://www.env.go.jp
二〇二一年閲覧
14 養父志乃夫『里地里山文化論 循環型社会の基層と背景』上巻、二〇〇九年、農村漁村文化協会
養父志乃夫『里地里山文化論 循環型社会の暮らしと生態系』下巻、二〇〇九年、農村漁村文化協会
15 環境民俗学の立場から昔話「猿神退治」（陸棲のヌシである大猿が登場する）を考察したものに山泰幸の左記論考がある。「自然環境」を「視点」として記述するという山のアプローチの仕方は、今後のヌシ論において重要だと思われる。
山泰幸「民話の環境民俗学―猿退治伝説と猿害問題のあいだ―」山泰幸、川田牧人、古川彰 編『環境民俗学 新しいフィールド学へ』二〇〇八年、昭和堂

# 後書 ―ヌシの棲む国―

わたくしごとになるが、この冬に、長年勤めた台湾の大学を辞めて帰国し、東急田園都市線沿いに住むことになった。多摩川を越えるこの路線には水に関係のある駅名が多く（池尻大橋、二子玉川、溝の口、鷺沼、江田……）、溝の口には国の有形文化財・久地円筒分水（水量を等分するための樋）もある。学生時代、通学に使っていた路線だが、当時は気づかなかったことだ。

あらためて関東地方の地図を広げると、幾筋もの河川が縦横に走り、水にゆかりのある地名が多いことに気づく。江戸時代から干拓が進められてきた東京・横浜にいたっては、水都と呼んでもいいぐらいだ。水底には、あまたのヌシたちが眠っているだろう。

聞くところによると、「田園都市」というのは、一九世紀末に、エベネザー・ハワードというイギリス人の提唱した理念だという。行き過ぎた産業革命への反省から「都市と農村の結婚」が謳われた。理念のなかには「自然と人の共生」もふくまれる。多摩田園都市は、渋沢栄一の肝いりで計画され、戦後になって本格的な街づくりが始められた。はからずも、ヌシ論のテーマと合致している。

　田園都市の自然は、人間の手によって囲い込まれた自然のように、わたしには見える。英語の「ネイチャー（nature）」と、漢語の「自然」は異なるという指摘は以前からされているが、田園都市と日本の里山には一脈通ずる部分があると思う。田園都市計画の進められるなか、多摩川水系のヌシたちがどうなったのかというのは興味をそそられる問題である。開発のなかで駆逐され、時のかなたに葬り去られたか。そうではあるまい。数百年にわたる森林破壊と自然の里山化のなかを、ヌシたちは生き延びてきたのだ。ただ、ヌシたちが生きづらい世の中になったのは間違いない。

「ヌシ」の対義語は何だろうか。ヌシにはさまざまな語義があるが、「主《あるじ》」の意味ならば「客」。これならばヌシと人は敵対関係にあるわけではない。ただ、客人としてのふるまいには気をつけるべきだろう。また、ヌシを「主君」の意味とするなら「家臣」「従者」が対義語となる。この場合、人間はヌシを上位に、自分たちを下位に置いていたことになる。ヌシとの付き合い方のコツは弁《わきま》えること。大いなる自然に向き合ったとき、謙虚な気持ちでいることは、簡単なようでいて難しい。ヌシには親しみを込めた「あなた」の意味もある。ヌシと良き隣人の関係を築ければ幸いであるし、また、そうであるべきだろう。

ヌシ論はいずれ書きたいと思っていたテーマだったが、日々の忙しさにかまけて後回しにしてきた。それが今回のコロナ禍で昨年夏の帰国ができず、時間ができたので、これを機にまとめることにした。また、ある妖怪アニメの制作に関わることになり、妖怪に関する著述は控えることにしていたのだが、それもコロナ禍でペンディングとなり、その縛りもなくなった（……などと軽く書いているが、エンタメ業界が受けた打撃は大きく、心中は察するに余りある）。わたしにとって、本書はコロナ禍と分かちがたい存在になっている。

それにしても、このテーマは難しい。一石を投じたものの、ヌシが蟠《わだかま》る深淵のように、広く深い世界が広がっている。わたしの力量不足で、ふれられなかった部分も多い。序にも書いたが、本書はヌシ論の序説か覚書。いましばらく、このテーマを考えつづけてみたい、ヌシの怒りを被らない程度には。

二〇二一年三月三〇日

著者、記す。

本書は書き下ろしです。

# 都道府県別ヌシ索引

本索引は、本書内で紹介した資料のうち、ヌシ関連のみを対象とした。本文ではごく簡単にしか紹介していないものも含まれる。詳しくは引用先の資料をご覧いただきたい。

未使用資料はもちろん、まだ目にふれていないヌシに纏わる資料は山ほどある。ヌシ伝承の総体は杳として知れない。他日の完成が待たれる。

なお、本索引は編集部で作成した。

## 秋田県



## 山形県



## 福島県



## 茨城県

## 山梨県



## 長野県



## 岐阜県



## 静岡県

## 愛知県



## 三重県



## 滋賀県



## 京都府

### 兵庫県



### 奈良県



### 和歌山県



### 鳥取県



### 島根県

## 岡山県



## 広島県



## 山口県



## 徳島県



## 香川県



## 愛媛県



## 高知県

## 伊藤龍平（いとう・りょうへい）

1972年、北海道生まれ。國學院大學大学院文学研究科博士課程後期修了。博士（文学）。台湾・南台科技大学助理教授を経て、現在、國學院大学教授。専攻は伝承文学。著書に『江戸の俳諧説話』（翰林書房）『ツチノコの民俗学』『江戸幻獣博物誌』『ネットロア』『怪談の仕掛け』『現代台湾鬼譚』（謝佳静との共著）『何かが後をついてくる』（いずれも青弓社）『怪談おくのほそ道』『棗と石榴』（尉天驄著、葉蓁蓁との共訳）（国書刊行会）『恋する赤い糸』（陳卉如との共著）（三弥井書店）など。



装　　幀　天池聖（drnco.）
装画・挿画　カワグチタクヤ
本文組版　キャップス
印刷・製本　モリモト印刷

# ヌシ　神か妖怪か

2021年8月20日　初版第1刷発行
2024年11月20日　初版第2刷発行

著　者　伊藤龍平
発行者　池田圭子
発行所　笠間書院
〒101-0064
東京都千代田区神田猿楽町2-2-3
電　話　03-3295-1331
FAX　03-3294-0996

ISBN 978-4-305-70943-1



https://kasamashoin.jp